齋藤 孝
Takashi Saito

頭のいい人の独学術

ポプラ新書
243

＊本書は、二〇二一年十月に小社より『自学自習の極意』のタイトルで刊行した書籍を改題、一部修正し、新書化しました。

情報の波に乗って知識を広げるだけでなく、
読書で深める。
それが本当の意味での独学です。

デジタルとアナログのツールを
並行して活用することで、
学んでも学んでも、学び尽くせないほど
ハイレベルな独学ができる。

読むだけ、聴くだけでも、
学び続けている限り、
人は孤独ではないのです。

知識が増えることは、強みが増えること。
それが、生きる自信となり、
未来への希望にもつながっていくのです。

はじめに　これからは独学が王道になっていく

スマホがあれば、指1本で世界中の情報を調べられる。
SNSやチャットを使えば、すぐに情報交換もできる。

インターネットのおかげで私たちの暮らしは驚くほど便利になり、いつでもどこでも誰でも簡単に情報にアクセスできるようになりました。

ネットの世界には、人の興味をそそるキャッチコピーや画像があふれていますから、日々、「情報のご馳走」を目にしているようなものです。

しかし、ご馳走を見るだけでは味はわかりません。どんな料理人が、どんな素材を使って、どう調理しているのかもわかりません。

目に飛び込んでくる情報の流し読みは、理解とは異なるただの消費行動で、あなた自身の思考が深まることも賢くなることもないのです。

インターネットを活用すれば知識は増やせますが、玉石混淆《ぎょくせきこんこう》の情報の中から正しいものを見極めなければいけません。

また、バラバラの知識を拾い集めても記憶から抜け落ちていくだけですから、それぞれのつながりを見つけて、クモの巣のように知識のネットワークを広げていく必要があります。

そこではじめて思考が動き出します。1つひとつの知識の意味とつながりを見つけることによって、全体的なモノの見方ができるようになるのです。

それは自分の価値観や考える力を養うことでもあり、人格形成にもつながっていきます。

情報社会で一番見落とされがちなポイントはそこです。

ですから、思考力と価値観と人格を形成する独学の必要性に、多くの人が気づきはじめているのでしょう。

そこで本書では、学生時代から読書を基本に独学（自学自習）を続けてきた私が、「独学の極意」をお伝えします。

「自学自習って聞いたことはあるけど何をすればいいの？」という人から、やる気はあるのに独学が続かない人、一生ものの教養を身につけたい人、独学で人生のステージを上げたい人まで、独学によって今の自分を変えたい人のために、今すぐ役立つことをまとめました。

世の中にあふれる情報を、生かすも殺すも自分次第です。

さまざま散乱する薄っぺらな情報が、自分の中を通り過ぎていくだけの日々を送っていたら、思考停止状態になってもおかしくありません。

一方、文学、哲学、科学、歴史、心理学、宗教などの、時代を超えて読み継がれている古典・名作は、世の中の本質、人間の本質が詰め込まれた宝の山のようなものです。

情報過多の時代こそ、本質をつかむ能力が求められます。だから今こそ、読書経験が必要なのです。

「古典・名作って、難しくてわかりにくそう」と思う人もいるでしょう。

インターネットから情報をとることに慣れきっていれば、一冊を通して活字を読むこと自体が面倒で難しく感じるかもしれません。しかし、その壁を越えてはじめて見えてくる感動の世界があるのです。

「文学ってフィクションでしょう？　人間やっぱりリアルな体験のほうが大事じゃないの？」と言う人もいるかもしれません。

もちろん、リアルな体験は大事ですが、読書もその作品世界に没入して登場人物と同じことを疑似体験するという意味では、ひとつの立派な体験です。

江戸時代の人形浄瑠璃・歌舞伎作者、近松門左衛門は、「虚構と現実が、薄皮一枚でないまぜになっているところに芸術の面白さがある」と言っています。

人間は本音と建て前の生き物ですから、ドキュメンタリーだけが真実とは限りませんし、フィクションだからこそ人間の真実が描けることもあるわけです。

つまり、現実と虚構の薄皮一枚の「虚実皮膜《きょじつひまく》」を、どれだけ生き生きと登場人物に演じさせて心理描写できるかが、作家の腕の見せどころなのですね。

ですから文学作品を読むと、「自分が今まで言葉にできなかったモヤモヤした思いは、こういうことだったんだ」と気づかされ、共感することが多いのです。

リアルの体験で、そこまで深く人間を理解できることは、なかなかないのではないでしょうか。

他の学問の分野にも同じことが言えます。

哲学の本を読むと、誰も教えてくれない人生の意味、自分が生きていることの意味について深い理解が得られます。

政治経済の本を読めば、現代社会が今なぜこうなっているのかわかりますし、宗教の本を読めば、「人は死にどう向き合えばいいのか?」ということについて、さまざまな答えを知ることができます。

このように読書を軸とした独学によって、自分1人の経験や知識だけではわからなかったことを知り、考える習慣を身につければ、世の中のことも人間のことも全体的なモノの見方ができるようになります。インターネットの世界も、より刺激的で楽しいものになるはずです。

なぜならインターネットを駆使すれば、自分以上のレベルの教養を持った人たちに触れることができます。教養によって何が本質か見極めることができれば、世界中の優れた人やコンテンツに辿《たど》り着くことができるからです。

本書のタイトルにある「頭のいい人」は、学力や学歴、偏差値を指しているわけではありません。本文でも述べていますが、前述したような要素は「独学」には関係ないのです。

あえて定義するなら、情報を知識として定着させ、思考を深めようと意識している人、本質を自らつかみにいこうとする人、そしてその方法論を知っている人が、本書のタイトルの「頭のいい人」と言えます。

これからの学びは、独学や自学自習が王道になっていくことは間違いないでしょう。あなたの人生も、独学によってより豊かなものになることを願っています。

2023年7月

齋藤孝

頭のいい人の独学術／目次

第2章　独学の効率を高める9つのコツ

第5章　4つの独学パターンで人生のステージを上げる

第6章　一生ものの教養を身につける10のテーマ

カバーデザイン　金井久幸（TwoThree）
カバーイラスト　工藤諒二
構成協力　樺山美夏
校正　東京出版サービスセンター
DTP　三協美術

序章

独学が「うまくいく人」と「うまくいかない人」は何が違うのか

自学自習ありきの時代に求められる学びへの「構え」と「意欲」

インターネットが私たちの日常生活に浸透したことで「学びのかたち」が多様化し、いつでもどこでも何でも学べる時代になりました。

世界中が脅威にさらされた新型コロナウイルスの影響で、日本の学生たちのオンライン学習にも拍車がかかり、「勉強は学校でするもの」という考えも古くなりつつあります。それどころか現在は、海外のトップ大学の授業がインターネットでたくさん公開されていて、世界中どこからでも受講できるようになっています。

スタンフォード大学やＭＩＴ（マサチューセッツ工科大学）の授業を、日本にいながら受けられる時代がくるとは想像もしませんでした。

わざわざ留学しなくても、オンライン受講で単位や学位を取得することができる海外の有名大学もあります。

昔は夢のまた夢だったことが、今はいとも簡単に叶《かな》う時代になったのです。

しかし、オンライン学習は、学び方によって学習効果が大きく変わります。

先生の話をライブで聞いているつもりで、一言一句聞き洩らさないような心構えで学べば、とても効果的かつ効率的に授業を活用できるでしょう。

一方、ただなんとなくオンライン授業の画面を眺めているだけの人や、他のことをしながら「ながら受講」をしている人、眠気におそわれている人は、学習効果がほとんどないまま終わってしまいます。

これはどんな学習にも共通することですが、学ぶ意欲が高いか低いか、参加意識があるかないかが、学力ひいては教養の決定的な差となります。

特に自発的な独学の必要性が高まっている今の時代は、この学びに対する「構え」や「意欲」がますます重要になっています。

つまり、「学びのかたち」がいくら多様化して可能性が広がっても、学ぶ側に「構え」や「意欲」がなければ、どんな学びも効果が期待できないのです。

そのため、多様な学習環境を積極的に活用する人としない人の差が広がり、知識・教養の差も今まで以上に広がりやすい時代になっているとも言えるでしょう。

では、どうすれば学びに対する「構え」と「意欲」を身につけることができるのか。

『論語』の中に、「啓発」という言葉の由来にまつわるエピソードが出てきます。

「啓発」を『広辞苑』で引くと「知識をひらきおこし理解を深めること」とあります。

しかし孔子が弟子たちに言ったことは、単なる啓発ではなく、自発的な自己啓発を意味する次の言葉でした。

「不憤不啓（憤《ふん》せずんば啓《けい》せず）。不悱不発（悱《ひ》せずんば発《はっ》せず）。挙一隅不以三隅反（一隅《いちぐう》を挙《あ》ぐるに、三隅《さんぐう》を以《も》って反《はん》せずんば）、則不復也（則《すなわ》ち復《ふたた》びせざるなり）」

これは次のような意味です。

「学問に対する奮い立つような情熱と、問題解決に向けた発憤するほどの意欲がなければ、その者を教え導くことはしない。自分の考えをどう表現すればよいかわからず悶々《もんもん》と悩んで身悶《みもだ》えするようでなければ、その者を教え導くことはしない。4つある物事のうちひとつのヒントを与えて、その他の3つを自分で考えて返答してくるようでなければ、二度と教えることはしない」

このエピソードから「啓発」という言葉が生まれたわけですね。

一般的には人を啓発する意味でよく使われている言葉ですが、「啓発」の大本の意味は「学ぶ側が自分から感奮興起する」ということなのです。

かつて日本人の勉強は、学ぶ意欲がある人が先生の教場へ赴き、門を叩いてお願いして、許可された人だけが教えを受けるものとされていました。

禅の世界もそうです。

最初は、禅寺の門を叩いても相手にされなかった者が、あきらめずに門を叩いているうちに禅僧とのやりとりがはじまり、教えを受けるようになります。

臨済宗などは大変厳しくて、大きな声で怒鳴られたり、棒のようなもの（警策）で叩かれたりしながら、精神面も鍛えられました。『臨済録』（岩波文庫）を読めば、学びへの真剣な構えがわかります。

それは言ってみれば、学びと言うより勝負のようなもの。学ぶ側の「本気度」が試される、勝負としての「挨拶《あいさつ》」（元は禅語）というものが禅の世界にはあったのです。

学びに対する「構え」や「意欲」がどれほど重視されていたか、おわかりいただけるでしょう。この「構え」と「意欲」こそ、やる気次第で大きな差がつくようになった現代の独学に求められる条件なのです。

信頼に値する先生（本）から学んでいるかどうか

もうひとつ、「独学の極意」を知るために、お伝えしたいエピソードがあります。

以前、武術雑誌で中国の武術の達人と対談をしたことがありました。

その先生が、「日本人は練習というものを勘違いしている」と言うのです。「道場に来て練習することが『練習』だと日本人は思っているけれども、そうではない。道場に来るまでの1週間なり1ヶ月間に、習ったことを自分で復習するのが練習である。先生に会うのは、その練習の成果を見てもらうためなのだ」と。

つまり、練習というのは基本的に1人でするもの、という考え方なのです。

これは、先生のところへみんなで集まって練習することが「練習」だと思っている、日本人の考え方とは異なります。武術に限らずスポーツでも勉強でも、自主練習や自学自習なくして技術や能力を高めることはできません。

受験勉強もそうですよね。学校の授業以外に、どれだけ自学自習をがんばれるかが、合否を分けます。

けれども、そこには落とし穴があって、自己流で進めていると方向性がずれてしまう可能性があります。ですから、信頼に足る先生の存在が不可欠なのです。

エッカーマンの『ゲーテとの対話』で、ゲーテは自己流の学びを積極的にすすめてはいません。

その理由もやはり、自己流の独学は無駄が多くなり、間違った方向に進んでしまう可能性があるからです。

これから本書で紹介する内容も、間違った方向に行かないための学びの技術と極意を会得するための、読書を軸とした独学法です。

たとえばインターネットの世界にも、信頼できる先生はたくさんいるでしょう。

その先生が、実績が確かな専門家であれば学ぶことには大いに賛成します。しかし、膨大な情報の中から本当に信頼できる先生だけを選んで、情報を取捨選択して、体系立てて自分のものにするのは大変です。

情報過多な時代だからこそ歴史に残る本が再評価され、読書の価値が高まっていると私は感じています。

インターネットで授業を受けたり、興味関心のある情報に触れたりしたら、その原典となっている本を読むことで知識を定着させるのです。

情報の波に乗って知識を広げるだけでなく、読書で深める。それが本当の意味での独学です。

活字は、それほど人間の記憶と思考に関して優れた効力を持っているのです。

デジタルとアナログのツールを並行して活用することで、学んでも学んでも、学び尽くせないほどハイレベルな独学ができる。

そういう意味で今はもっとも独学環境に恵まれた時代と言えるでしょう。

ところが、独学にとって非常に恵まれた環境であるにもかかわらず、インターネットを学びにまったく活用していない人や、本を読まない人がたくさんいるのも事実です。

本を読まない人に限って言えば、その割合は年々増え続けているという残念な現実があります。

私の教え子の大学生に聞いても、インターネットでSNSや動画を見ている時間は長いけれども、本を読む時間は減っているという人がほとんどです。

本を読まなくてもネットの情報を見ているだけで学びになるし、なんでも知ることができると主張する人もいるかもしれません。

しかし、前にも述べたように、インターネットの世界には間違った情報もあふれています。

アルゴリズムで流れてくる情報は、あなた仕様に偏りすぎています。

そもそも一方的に流れてくる玉石混淆の情報を、ただ眺めているのは「情報の消費」であって「学び」ではありません。

せっかく恵まれた学習環境がありながら、ネット情報を見るだけの時間を浪費する毎日を過ごすか。

インターネットも本も活用して知性と教養を身につけ、人間的に成長して豊かな人生を生きるか。

両者の明らかな違いはたったひとつ。自学自習力の差なのです。

学生時代の成績や学力は独学に関係ない

「独学できる人とできない人の差は、もともとの能力の差なんじゃないの？」と思う人もいるかもしれませんが、それは大きな誤解です。

学校の勉強が苦手だった人には、ぜひ自信を持っていただきたいのですが、独学がうまくいくかどうかは、頭の良し悪しや学校の成績ではなく、継続する根気の差です。

たとえば、高卒で就職した人が、大学に進学したいと思った場合。

一般の受験勉強をして大学に入ることが難しければ、大学の通信教育課程で学んで卒業資格を取ることができます。

私も、慶應義塾大学の通信教育課程の授業を受け持っていたことがありますが、通信教育課程だからといって授業内容が簡単なわけではありません。

しかも、通信教育はまさに1人での学びが決め手となる世界。先生に会えるのは基本的にスクーリングのときだけです。

情報交換をするクラスメートも少ない状況で、テキストを手がかりにして、自分で課題のレポートを書かなければいけないのです。

提出した課題が合格点に足りなければ、単位がもらえるまで何度も書き直します。

そういう教科が何科目もあって、何年にもわたって先生とやりとりをする必要がありますから、相当な根気がなければ卒業できません。

途中でくじけて卒業できない人も一定数いますから、通信制の大学を卒業できる人は、独学のプロのようなもの。

もともとの能力や過去の成績よりも、根気強さが求められるのが通信教育の世界なのです。

独学に必要なのは、頭のよさより、根気です。

なかなか自分から学ぼうとしない人は、「学校の成績が悪かったから無理」「勉強が苦手だった自分にはできない」「何からやればいいのかわからない」とあれこれ言い訳を並べて、はじめる前から無理だと思い込んでいる可能性が高いです。

反対に、いつの間にか独学が習慣になっている人は、見るもの聞くものすべてが学びだととらえて、気になったことを調べるひと手間を惜しみません。

知りたいことがあれば本を読む習慣も身についていて、1つひとつ学んだことを自分の中に定着させていきます。

さらに学んだことをアウトプットして、人にも伝えることで、それが自信となって次の学びへの推進力、継続力へとつながっていくのです。

根気よく学び続ける人と、学ぶこと自体をあきらめてしまっている人の差は、思考の深さなどに現れます。

私自身、読書が自己形成の糧となり、3色ボールペンで線を引きながら本を読む習慣が身についたことによって、思考力が鍛えられたと実感しています。

人とのコミュニケーションにおいても読書経験が大いに役立っていますし、他者を理解するうえでも読書をしなければわからなかったことがたくさんあります。

つまり、読書を軸とした学びによって、人生をより豊かに生きることができるようになったのです。


「継続は力なり」とはよく言ったもので、よく言われる地頭のよさや知能指数などはまったく関係なく、誰でも人間としての力をつけられるのが独学です。

結局は「やるか、やらないか」で、もっと言えば「続けるか、続けないか」だけの違いなのです。

学びの時間とお金の使いどころを心得る

「自分に足りないのは独学だ」とたとえ自覚していても、人間というのは弱い生き物です。

本を買って、やる気満々で読みはじめても、途中で飽きてしまったり、何らかの理由で学ぶことを放棄してしまったりすることが、独学の最大の問題点です。

三日坊主という言葉があるように、多くの人は学びはじめの数日間で続かなくなってしまいます。

そのため、スタートダッシュの時点で、ペースを落とさないための工夫が必要です。人がもっとも学びに意欲的になる最高の状態は、興味関心を持った瞬間です。でも早ければ3日、遅くても2週間後には、やる気の炎が消えてしまう可能性が高いのです。そこで大切なのは「初速学習法」です。

最初の熱量を維持するためには、知りたいと思った瞬間にすぐインターネットで調べまくり、書店で関連書を買ってきてざっと目を通すなど、ポイントを簡単に人に説明できる状態まで持っていくことです。

魚にたとえるなら、釣りたての魚をすぐ三枚下ろしにして干しておくような状態です。生のまま放置すれば腐りますが、干せばいつでも食べられますから。

このように「初速」を大事にすると、学びの鮮度が落ちないので、やる気を維持しやすいのです。「あとで調べてみよう」「時間があるときに勉強しよう」と後回しにすると、熱量が冷めてしまって続かなくなります。

初動時の一番やる気が高まっているときに、高いお金を払って形から入る人もいます。

「今年こそ英語をマスターしよう！」と英会話教材のセットを大人買いしたり、「今度こそ痩《や》せるぞ！」とはりきってダイエット器具を買ってしまう人はこのタイプです。

初期投資にお金をかける人は、高い教材や器具を買うことでやる気を持続させようとするのですが、これはとても危険なこと。買ったことで満足してしまうからです。

私の周りでも、高い語学教材を買ったけれど続けられずに、そのまま放置しているという人を何人も見てきました。

図書館の情報さえもインターネットで調べられる今の時代は、お金をかけずともある程度のことは学べます。

使い方によっては、世界中の優れた情報にアクセスできるインターネットだけで、無料で高度な語学力や知識を身につけることもできるでしょう。

学びの習慣づけは、高いお金を払うよりも初速が大事で、無料のインターネットを駆使して早くたくさん学んだほうが効果的です。

ただし、インターネットの情報から1歩踏み込む学びのためには、やはり本を買って身銭を切ることも必要なのです。

ネットサーフィンはお見合いパーティーと同じですから、「もっと知りたい」と思う情報を見つけたら、1対1で話さないとわかりません。

その人物やテーマに関する本を買って、カフェでいいので50～60分ほど集中して読めば、著者と対話しながら思考を深めることができます。

そこまでしてはじめて、知識を自分の考えに落とし込む教養が身につくのです。

独学を長く続けるためには、この時間とお金の使い分けが重要です。無料で学べるものと、本でしか学べないものを見極める目を養わなければいけません。

本を買って失敗しても経済的にまったく問題ない、という方は別ですが、節約が当たり前の大学生や社会人は、無駄な買い物は避けたいものです。

失敗しない本選びのコツは、買う前に書評やレビューをしっかりチェックすること。
特に、誰が書いたのか実名がわかる書評は信頼できます。

Amazonのレビューは、星5つだらけ、星1つだらけなど偏りがある場合、信憑《しんぴょう》性《せい》に欠けると思ったほうがいいでしょう。

星の数に関係なく、詳しいレビューを長文で書いている人は、それだけしっかり読み込んでいる証拠。信頼に値することが多い印象です。

インターネットによる学びが習慣化して、買うべき本を見極めることができれば、独学は継続できるのです。

「独学は孤独ではない」から続けられる

独学という言葉だけ見ると、孤独なイメージを持つ人もいるかもしれません。しかし、人は学び続けている限り、1人でも寂しくはないのです。

本を読んでいると、著者と心の中で対話できます。

たとえば、『新約聖書』は『旧約聖書』と違って、イエス・キリストの人格がそのまま本になったようなものですから、読めば読むほど、イエスという人物がぐいぐい迫ってきます。

バルザックの小説の場合は登場人物がものすごく多いので、読んでいるだけで頭の中がにぎやかになります。作品集『人間喜劇』では、同じ人物が複数の作品で描かれているので、それぞれの物語がつながり合って全体でひとつの社会を作っているところも楽しめます。

中でも、代表作の『ゴリオ爺さん』を読むと、子煩悩なゴリオ爺さんが親戚のおじいさんみたいに思えてきて、孤独感が薄れてきます。

セルバンテスの有名な小説『ドン・キホーテ』も、幸せな気分になる物語です。騎士道物語の読みすぎで騎士になりきっている主人公ドン・キホーテと従者のサンチョ・パンサのことが、まるで他人とは思えなくなっていきます。

農家の田舎娘を、「ドゥルシネーア・デル・トボーソ姫」と名付けて理想化していく様子も面白い。

すると、ドン・キホーテがいつか現実に引き戻されて正気に戻ることが怖くなります。最後、本当に彼がまともになってしまう瞬間は寂しくなってしまうのです。

それほど、小説を読んでいる間は「ドン・キホーテとともにある」という感覚が強くなるのです。

ですから、読書をしている時間は、1人ではあるけれども、孤独ではないのです。

音楽も同じです。

アリシア・ヴィカンダーという女優が主演している『ピュア　純潔』という映画があります。この中で、アリシアが演じる20歳の女の子カタリナには、酒浸りの母がいて、売春をしていた過去があります。

ところが、あるきっかけで彼女はモーツァルトの曲に夢中になり、モーツァルトを聴くことで心が洗われて落ち着きを取り戻し、モーツァルトを聴くためにコンサートホールで働きながら自信と誇りを持つようになっていきます。

これもひとつの学習で、彼女はモーツァルトを聴いて孤独から解放されたことで成長していくのです。

今はスマホがあれば、いつでもどこでも、好きな音楽を聴くことができます。本も、文庫や新書は手軽に持ち歩けますよね。私が『芭蕉全句集』の文庫本をいつも持ち歩いていたときは、いつも芭蕉と一緒にいるような感覚でした。バッグに芭蕉の本があるだけで、1人でいるときも「ウィズ芭蕉」「フィーチャリング芭蕉」という気分で、一句一句読むたびに楽しくなりましたし、考えさせてもくれました。

その本が5000部売れた本であれば、最大5000人とともに学んでいる意識を持てますし、5000人と同じ読書体験を共有することができます。

音楽も、何万人、何十万人、何百万人が聴いている曲ならば、同じ音楽に心揺さぶられる人たちが日本中に、世界中にいるのだと思えます。

読むだけ、聴くだけでも、学び続けている限り、人は孤独ではないのです。

ただ、孤独を感じやすい学びもあります。

たとえば、暗記重視型の受験や資格試験の勉強は、教材との付き合い方が楽しくないので、孤独を感じやすいかもしれません。

しかし、受験勉強はずっと続くわけではないですし、ゴールがはっきりしています。

そのときは期間限定で、「欲しがりません、受かるまでは」「寂しがりません、終わるまでは」というつもりで勉強するしかありません。

もちろん、学校の友達や先生の存在によって、孤独が紛れることもあると思いますが、寂しさを感じる暇がないほど、やるべきことが多いのが受験勉強です。

その時期は割りきって、「目標達成のための独学」に全力を尽くしましょう。

第1章 独学を習慣化する5つのルール

①ペース配分は2週間単位で考える

人の情熱や集中力は、残念ながら長続きしません。

やる気満々で机に向かっても、1時間も経たないうちに席を立ってしまうのは、あなたが悪いわけではなく集中力の問題なので、仕方ないのです。

ですから「がんばればできるはず」と無理な計画を立てても、同じことの繰り返しになって挫折してしまう可能性大です。

そこでここでは、独学を習慣化するために私が実践して効果を実感できた、具体的な方法をお伝えしましょう。

ポイントはまず、「集中力は続かない」という前提でペース配分を考えることです。

毎年、元日になると「今年は○○をします！」と「一年の計」を立てる人がいますが、1年間も続けられると思って計画を立てること自体に無理があります。

最初のテンションで、情熱とやる気がもつのは長くても2週間が限界でしょう。

私自身そう痛感しているので、何か計画を立てる場合は、1年どころか1ヶ月先でも当てにならないと思っています。

1ヶ月後の自分がどういう状況で、どんな気持ちでいるかなんてわかりませんよね。1ヶ月後に人と会う予定を立てても、あまりにも先すぎてそのときの自分の状況が読めないので、気が重くなることもあります。

ですから私は、2週間を独学のペース配分のワンタームとして考えています。

2週間というのは、私が大学受験のときに目安にしていた期間です。

当時は、友達と同じ問題集を買って、2週間で解いた内容をお互い確認しながら勉強していました。

東京大学大学院の教育学研究科に進学するときは、フランス語で受験することに決めたのですが、私はドイツ語履修だったので、フランス語が得意な友人に宿題を出してもらって、2週間ごとにフィードバックを受けました。

2週間であれば、ギリギリやる気が続いて真剣に問題に取り組めるので、一定の成果を出せます。

その2週間単位の勉強を、1年間かけて入試まで続けたおかげで合格できたのです。

2週間続かない勉強は、そもそも自分に向いていないか、やり方が自分に合っていない可能性があります。逆に2週間続けられれば、どの程度できるか感触がつかめるので、さらに2週間続けるための計画も立てやすくなります。

もちろん、2週間が長いと感じる人は、最初は1週間で区切ってもいいですし、最短で3日だけでもいいでしょう。

独学は、締切がない場合、気が緩むとあっけなく挫折します。挫折を回避するためには、無理なく実践できる期間を最初に設定することがポイントなのです。


3日間から2週間の短期計画を立てたら、日々学んだことを手帳に記録して、初動の成果を確認します。

その期間で、成果が出る人は出ますが、手応えを感じない人もいるかもしれません。

1人で学ぶということはダイエットと似ていて波があるので、日々の学びを記録しながら、「このゴールデンタイムは集中できる」「この場所は読書向き」といった傾向をつかみましょう。

独学の時間を、勉強ではなく自分を解放する時間だと思えば、より楽しくできる方法を見つけやすくなります。

まずはワンターム続けられたら、ペースをつかめるようになるので、さらに継続するために、「次の2週間はこれをする」と宣言するのもいいでしょう。

私はこれを「勝手に宣言方式」と呼んでいます。

「宇宙の本を3冊読む」「新書を3冊読む」でも何でもいいので、誰かに宣言するのです。もっとテーマを絞り込んで、全然わからないことを知るために、「ダークマターとダークエネルギーについて理解するための本を3冊読む」と決めると、本選びにも時間がかかりません。

2週間で学んだことは、ブログなどにまとめておきます。

アウトプットについては後ほど詳しく説明しますが、独学の習慣が身についている私の教え子の1人は、学んだことをブログに書き続けています。

「先生、見てください」と言われて、そのブログを読むと、フォロワーはあまりいませんでした。

それでも、演劇を観て感じたことや素晴らしい本に出会った感想を綴《つづ》った学びの記録は、レベルが高く読み応えがありました。

誰にも読まれないブログを書くなんて無駄、と思う人もいるかもしれません。

しかし、インプットとアウトプットのサイクルを回して、学んだことを自分の中に定着させることができれば、誰にも読まれなくても無駄にはならないのです。

②スキマ時間を最大限活用する

あなたはいつも出かけるときに、本を持ち歩いているでしょうか？

私が学生の頃は、先ほどの「ウィズ松尾芭蕉」のノリで、ジャケットのポケットに必ず文庫本を2～3冊入れて歩いていたので、ポケットはいつもパンパンにふくらんでいました。

ジャケットが変になるので、卒業後はカバンの中に本を入れるようになりましたが、独学の基本が本を持ち歩くことというのは変わっていません。

そして、電車の移動時間の数分でも数十分でも、スキマ時間に本を読み進めているのです。

次の予定まで30分でも時間があれば、私はよく200円台でコーヒーを飲めるカフェに入ります。プロレスのように「30分1本勝負」のつもりで、耳にイヤホンをつけて集中すればかなり読み進められます。

お昼時や、仕事が終わって家に帰るまでの間など、毎日どこかにスキマ時間はあるので、そこを読書にあてれば、2週間で2～3冊ほど読むペースを維持できるでしょう。

「10時になったら読書する」「土日にまとめて本を読む」と、読書の時間を特別に割りあてるのもひとつのやり方です。しかし、いざその時間になると他のことがやりたくなったりして、なかなか集中できないことはよくあります。

それよりも細切れでいいので、電車やカフェでちょこちょこ読み進めることが、習慣化への近道だと私は実感しています。

これは資格試験の勉強にも言えることですが、「自宅よりもカフェのほうが集中できる」という人は多いですよね。

私もその1人なのですが、カフェは生きている空間だから集中しやすいのだと思います。

飲み物を飲みながら、軽食をとりながら、BGMを聴きながら仕事や勉強をしている人が多いので、静かでありながらも人の営みを感じる空間なのです。

したがって、そこにいる自分も充実した時間を過ごせるのかもしれません。


カフェより図書館が集中できる人もいるでしょう。

私の場合、図書館は静かすぎて、さみしい感じがします。また蔵書が多すぎて、過去の遺物感があるせいか、時間が止まっているような感覚に陥ってしまいます。すると眠たくなってくるのです。

東大の総合図書館もそうですが、1歩足を踏み入れると、眠り薬みたいなものが空気中に入っているんじゃないかと思うほど、すぐ眠たくなるので本当に不思議です。

もちろん、図書館のほうが集中できる人は、図書館で読書したり、勉強したほうがいいです。

大切なのは、スキマ時間をより有効に使える、自分に合った環境選びです。

私が東大の非常勤講師をしていたときの学生で、経済学部を出ていったん就職したあと、会社勤めのかたわら司法試験に受かった人がいます。

彼の同期の同窓会に私も呼ばれた際に、勉強法について話を聞いてみました。すると彼が言うには、毎朝、会社に行く前にスターバックスで必ず1～2時間は勉強をしていたそうです。

平日の勉強は朝のスタバでしかやらないと決めて、その時間だけは完全集中したらしく、「スタバにはやる気のある人が集まっている。スタバほど勉強がはかどる場所は他にありません」と話していました。

スキマ時間を有効活用できる空間の確保は、それほど大事なのです。

カフェや図書館以外でも、たとえば、お風呂やトイレが勉強に最適という人もいます。

問題集や参考書で覚えなければいけない箇所に付せんを貼って、お風呂で1回読んで閉じて、次に開くときに前に覚えたところを口に出して言ってみる。

この「再生方式」で暗記がはかどるという人もいます。ページを開いて覚えて、閉じて、また開くという一連の作業を繰り返していると、一度覚えたことを、次にページを開くまで潜在的に記憶するように、脳も働くのでしょう。

次にページを開くまでの時間は料理にたとえるなら、浅漬けを仕込んでいる時間のようなもの。

ちょうど食べ頃のタイミングでフタを開けて取り出すように、覚えたことが脳に刷り込まれた頃に口に出して定着させるわけです。

お風呂もトイレも、入っている時間は限られているので、集中的に記憶する空間としては暗記科目の勉強に合っているのかもしれません。

③自分に合う学びのツールを活用する

便利なアプリやツールが増えたおかげで、学び方も多様化しました。

本は紙で読みたい人もいれば、電子書籍に慣れている人もいるでしょう。

私は基本的に、本は紙で読んでいますが、マンガも好きなのでKindle Unlimitedの読み放題サブスクリプションを契約しています。

サブスクの契約をしていなくても、Kindle本はよく割引セールをしていますし、紙の本より値段が安い作品も多いのでお得です。

紙と電子の2種類を、上手に使い分けられるといいですね。


耳で聴くことができるオーディオブックや音声メディア、授業やセミナーの動画もたくさんあります。私は、サン＝テグジュペリの『星の王子さま』が好きで、紙の本では岩波少年文庫の内藤濯訳に慣れていたのですが、ジェラール・フィリップが朗読するＣＤが発売されたときは真っ先に買って聴きました。

最初にその朗読を聴いたときは、まるでフランス映画を観ているような感覚を覚えて、「なんて素敵な声なんだろう！」とフランス語の甘い響きに聴き入ってしまいました。

もちろん、日本語訳でも読めるわけですが、フランス語の原文で読み、フランス語の朗読を聴いて、作品が本来持つ世界観に入り込んでいくと、理解がぐっと深まりました。


今は、ＣＤよりもオーディオブックがメジャーです。

オーディオブックはスマホがあれば聴けるので、散歩をしながら、料理をしながら、電車に乗りながら、ベッドで寝転びながらなど、何かをしながら学べる点が最大のメリットです。

本以外にも、有識者や専門家が発信している音声メディアや動画もたくさんあります。

耳で聴くことに慣れている人は、「ながら勉強」を習慣にするといいでしょう。

目で見る学びが自分には合っているという人は、映像の教材がおすすめです。

映画が好きな人には、映画を観るだけで英語が学べるDVDブックも発売されているのでぜひ活用してください。

授業形式で勉強できる動画も、予備校の先生の受験対策の講義や、国家試験対策の講義、経済学者、社会学者、哲学者の講義まで数多くあります。

通常の講義と、試験対策の講義はまったく別もので、授業で専門知識を学ぶだけなら無料の動画もあるのでありがたいことです。

試験対策の動画教材は基本的に有料で、国家試験対策の動画には何十万円もする高額なものもあります。

試験対策解説の授業は、高額でもそれだけ価値があるものが多く、経験豊富なプロが非常にわかりやすく解説してくれます。

私も試験対策の動画授業を見たことがありますが、素晴らしい先生の解説は驚くほどわかりやすく、聞いた内容がそのままスーッと頭に入ってきます。

一方、試験対策ではない講義は、話が面白いかどうか、試験とは関係のない学びをどれだけ楽しめるかがポイントです。

そのため、動画を見ていても飽きないかどうかを見極めて、先生を選んだほうがいいでしょう。

学びのツールを組み合わせて、そのときの気分や環境に合ったものを上手に活用できれば、自学自習は自然と習慣化できるようになります。

④学びの水先案内人を見つける

学ぶ意欲はあるけれども、情報が多すぎて何から手をつけたらいいのかわからない人もいます。

インターネットでキーワード検索をしても、信頼できる有益な情報が上位に表示されるとは限らないですし、書店に行っても本を選ぶのに時間がかかりすぎて選びきれなくなる。

これは、独学初心者がよく抱える悩みのひとつです。

独学にも先生が必要、という話を前に述べましたが、先生の見つけ方がわからずそこで立ち止まってしまう人もいるのです。

では、学びの水先案内人となってくれる先生は、どのように探せばいいでしょうか。

ひとつは、本を読んで影響を受けた著者がいる場合、その人が読んでいる本や学んでいることを自分も真似してみることです。

たとえば、「哲学を学びたい」と思ったとき、原典のギリシャ語を勉強するとなると、それだけで膨大な時間を費やさなければいけません。それよりも、哲学という学問の全体像を教えてくれる人を探したほうが、学びに入りやすくなります。

哲学者の西研さんは、NHKの番組『100分de名著』シリーズで、カント、ニーチェ、プラトン、ルソーの哲学を、平易な言葉で解説しています。西さんご自身も、初心者向けの哲学・思想入門書を数多く執筆されています。

竹田青嗣さんも同様に、『ハイデガー入門』（講談社学術文庫）、『ニーチェ入門』（ちくま新書）、『超解読！　はじめてのフッサール『現象学の理念』』（講談社現代新書）など、哲学の入門書を精力的に執筆されています。

西さんも竹田さんも、わかりやすく語りかけるように本を書かれているので、読書が苦手な人でもそれほど抵抗感なく、スムーズに読み進めることができると思います。

哲学のように難しい学問を学ぶときの注意点は、ハードルが高く感じるものに最初に手を出さないことです。

哲学の中でも特に難解な、ヘーゲルの『精神現象学』（長谷川宏／訳）にいきなり手を出してしまうと、初心者には難しすぎて哲学嫌いになってしまう危険性があります。

同じヘーゲルでも、西さんと竹田さんの共著『完全解読 ヘーゲル『精神現象学』』（講談社選書メチエ）はわかりやすくて、人間が自由を獲得していく精神のステップを考え抜いた本なのだ、ということがよくわかります。

その大まかな内容を理解したうえで、長谷川さんが訳した『精神現象学』を読むと、いきなり読むよりは頭に入りやすくなるでしょう。

世界トップクラスのスポーツ選手にも、レベルの高いコーチが必要です。

実際、オリンピックのメダリストやプロのスポーツ選手にもコーチがついていることがほとんどです。

世界トップクラスのスポーツ選手でさえも、プロの導き手がいなければ上達しないのですから、多彩な学びの分野はなおさらのこと、水先案内人が必要なのです。

兼好法師の『徒然草』に、仁和寺の法師のエピソードで「少しのことにも、先達《せんだち》はあらまほしきことなり」という言葉が出てきます。

仁和寺の法師がある日思い立って、石清水八幡宮を拝みに行ったところ、山のふもとにある極楽寺や高良神社が石清水八幡宮だと勘違いして参拝し、山頂にある石清水八幡宮には行かずに帰ってきてしまいます。

そのあと、ひとつ気になったことがあると言って、仲間の法師に「他の参拝客はみんな山を登っていったが山の上に何事かあるのだろうか？　自分はお参りが目的で物見遊山に来たのではないから登らなかった」と聞いてみます。案内者がいなかったので、自分の勘違いに気づかなかったわけですね。

これに対して兼好法師は、「ちょっとしたことにも先達（案内者・先行者）はいてほしいものである」と述べているのです。

これは独学や自学自習にも通じる話で、どんな学問にも、どんな世界にも、知識や経験が豊富な詳しい人はいます。

魚の世界について詳しいさかなクンがいるように、音楽の世界には音楽評論家、ラーメンの世界にはラーメンマニアがいます。

独学をはじめるときも、この人が言うことは信用できる、わかりやすいと思える水先案内人を見つけて、何から読めばいいか当たりを付けると失敗する危険性が低くなります。

たとえば海外文学好きの中には、東大名誉教授で翻訳家でもある柴田元幸さんのファンがたくさんいます。柴田さんは、村上春樹さんも信頼を寄せている方で、村上さんと一緒に翻訳の本なども出されています。

村上さんから入って柴田さんを好きになる人もいると思います。柴田さんファンの多くは柴田さんの訳の文体が好きなので、柴田さんが訳した本を芋づる式に読み進めていく傾向があります。

村上さんが訳した小説は、レイモンド・チャンドラーでもスコット・フィッツジェラルドでも、村上さんの世界観のような錯覚を覚えるように、柴田さんが訳した小説は、何を読んでも柴田さんらしさが色濃く出ているのです。

春樹節、柴田節とも言えるその文体に魅了された人は、新しく訳された小説が出るたびに読むので、海外文学をずっと読み続けるようになります。

ラーメン好きの人も、この人が言うことは間違いないと思えるラーメンマニアが絶賛する新規オープンのラーメン店があれば、味見に行かずにはいられないでしょう。

本の世界であれば、自分が一目置く書評家の存在がそれにあたります。

最近私が出会った中では、YｏuTubeの「ボクシング解体新書シリーズ」は、井上尚弥選手の超絶技術が見事に解説されていて感動しました。案内人が一流だと感動が湧きます。

素晴らしい水先案内人がいると、その人の影響で学びたいことや、読みたい本が見つかるので、独学をサポートしてもらうつもりで早めに見つけたいものです。

⑤ワンテーマ月間を設定する

何かひとつテーマを決めて、一定期間、そのことだけ集中的に学んでみる。

この方法を私自身実践していますが、思った以上に楽しくハマることができます。

太宰治月間、芥川龍之介月間というように、その作家の世界にどっぷり浸りきってみると、気が向いたときにパラパラと読むより深く自分の中に入ってくるのです。

長編小説にチャレンジしたいときも、ワンテーマ月間形式がおすすめですが、最初は読みやすい作品から入るのがポイントです。

ドストエフスキーの作品であればデビュー作の『貧しき人々』がいいかもしれません。初老の男と薄幸の少女との間で交わされる往復書簡の形式で綴られた中編小説です。

あるいは、ドストエフスキーが刑務所生活を送っていた4年間の獄中体験記録とも言うべき『死の家の記録』、晩年の大作のカギをにぎる作品と評されている『地下室の手記』も入り口としてふさわしい作品です。

こういった比較的読みやすい作品で助走をつけたあと、『罪と罰』『白痴』『悪霊』『カラマーゾフの兄弟』などの長編小説の中から、一番興味を持てるものに挑んでみてください。

この手の本格長編は、1ヶ月では読み終わらない人もいると思いますので、「3ヶ月間はドストエフスキーを読む」と期間を長めに設定したほうがいいでしょう。

もし1人の作家の作品をすべて読破したい場合は、春夏秋冬の季節ごとに読む作家を決めると、記憶に残りやすくなります。

「東京五輪が終わった２０２１年の秋はドストエフスキーを読んで、人間の業について考えさせられたな」という具合に、読んだ時期と作品の思い出が重なって、読書体験がより豊かなものになるからです。

逆に、長編を読む気力も時間もない場合は、１ヶ月ではなく2週間限定にして、サクサク読める作品を書いている作家にスポットライトを当てます。

アガサ・クリスティのミステリー小説は、英語版の全文朗読ＣＤも出ていて勉強になります。ドラマ化されている作品もあるので、本と映像で2倍楽しめるでしょう。

太宰治、芥川龍之介、夏目漱石も短編を書いているので、ワンテーマ月間にカバンに入れて持ち歩くにはピッタリです。

「文学作品よりも、もっと実用性のあるビジネス書や自己啓発書を読みたい」

そう思っているビジネスパーソンは、今話題になっているビジネス書の源流となっている本を読むと、似たようなことが書いてある他の自己啓発書を読む必要がなくなります。

私が読んでよかったと思った源流本は、１９４０年に発売されて以来、世界中で読み継がれているジェームス・W・ヤングの『アイデアのつくり方』（CCCメディアハウス）です。シンプルで、すぐに読める本です。

あるいは、デール・カーネギーの『人を動かす』『道は開ける』『話し方入門』（創元社）、ナポレオン・ヒルの『思考は現実化する』（きこ書房）も素晴らしい本です。

こういった世界的名著を読むと、あとに続く本の多くがこうした本から派生したことがわかるので、まずは源流本を読み込んでいれば十分だと気づくはずです。

新型コロナウイルスが全世界で猛威をふるった2020年は、1947年に刊行されたアルジェリアの港町で起きた感染症の大流行を描いたカミュの小説『ペスト』がベストセラーになりました。

今の社会が、困難を乗り越えるためのヒントを得るために、歴史的な名作を読むこともひとつの方法です。

経済学者トマ・ピケティの『21世紀の資本』（みすず書房）も、本体5，500円と決して安くはない本ですが、ベストセラーになり、2019年には映画化もされて再び話題になりました。

18世紀までさかのぼり、世界的に深刻化している格差社会の真相に迫ったこの本は、資本主義社会の在り方に警鐘を鳴らし、多くの読者に問題意識を持つきっかけを与えました。

これも時代を象徴するブームのひとつで、そのときに読むからこそリアリティを感じられる読書体験として記憶に残るでしょう。

第2章

独学の効率を高める9つのコツ

①「スマホ断ち」で集中力を高める

あなたは毎日、どのくらいスマホを見ているでしょうか？

夜寝る前、朝起きたあと、電車の中、カフェでもスマホを手放せない人。学校の授業中に見ている人もいれば、歩きスマホをしている人もいるかもしれません。

ではスマホで何を見ているのか？

私の教え子の大学生たちに聞くと、SNSやYouTubeを見ているかチャットをしている時間が多い感じです。

もちろん、それはそれで構わない人もいるでしょうけれど、少なくともこの本を読んでくださっているあなたは、少しでも学びの時間を増やしたいと思っているはずです。

であれば、寝ても覚めてもスマホが気になって頭から離れない人は、スマホ断ちの習慣を身につけなければいけません。

スマホ依存気味の人にまず読んでほしい本は、スマホが人間の脳に及ぼす悪影響について書かれた『スマホ脳』（新潮新書）です。

スマホがあると手に取らずにはいられない、夜も朝もスマホが気になって眠れない、勉強なんて集中できない……。そのような状態が続いていたら、スマホによって脳が何かしらの悪影響を受けている可能性があります。

この本によると実際に、スマホの影響による睡眠障害や依存症、記憶力、集中力、学力の低下などが明らかになっています。

スマホがポケットに入っているだけでも学習効果が低下して勉強を阻害する、という研究結果もあります。

つまり、スマホが身の回りにあるということは、虫がブンブン周りを飛んでいるようなものです。

脳科学者の川島隆太先生も、『スマホが学力を破壊する』（集英社新書）という新書を出しています。この本は、7万人の子どもたちを対象にした、数年間に及ぶ大規模調査の結果にもとづき、スマホが脳に与える悪影響をまとめたものです。

スマホを見ている時間が長ければ長いほど、子どもたちの数学の平均点が低くなっているグラフなど、スマホの利用時間と学力の相関関係を示すデータも多いため、子育て中の親御さんが読むと衝撃を受けるかもしれません。

それほど、スマホは私たち人間の脳を侵食しているのです。だからといって、今となってはスマホがない生活も考えられません。

少しでもスマホの弊害を減らすためには、日常生活で物理的にスマホを遠ざけるなどの工夫が必要なのです。

私自身も、仕事中の一定時間はスマホの電源を切って、カバンにしまい込んでいます。

ただカバンに入れているだけだと、着信音やバイブレーションが鳴ったり、電話がかかってきたりして、集中できなくなるからです。

クイズ番組『東大王』に出演していた鈴木光さんも、著書『夢を叶えるための勉強法』（KADOKAWA）の中で、家で勉強するときはスマホの電源を切って、勉強場所から遠いところに置いていたと書いています。図書館や自習室などで勉強するときも、勉強道具以外のものは持っていかないようにしていたそうです。

そのように、気が散るものから距離を置くと、だいぶ心が安らかになります。学びの「構え」として心を安定させることは重要なのです。

仕事でも勉強でも、何でも効率性にばかり気をとられがちな人が多いのですが、だからといって学ぶ「構え」までないがしろにしてしまうと本末転倒になってしまいます。

②学びに向かう「呼吸法」と「環境作り」を意識する

学びの「構え」として身体を整えるために、今日からでもすぐに実践してほしいのは「呼吸法」です。

私は、現代人の呼吸が浅くなっていることに危機感を覚えて、『呼吸入門』（角川文庫）という本を出したことがあります。呼吸なんて意識していない人がほとんどだと思いますが、実は、身体の力は呼吸ひとつで大きく変わるのです。

私がすすめる呼吸法はまったく難しくありません。

鼻から3秒吸って、2秒ためて、15秒で口から吐ききる。15秒が難しい人は10秒程度でもかまいません。たったこれだけですが、身体の力が劇的に高まるのです。

ポイントは、吸った息をゆるやかに吐くとき、吐く息とともに雑念が出ていき、落ち着くよう意識することです。

NHKの番組で呼吸法の指導をしたとき、呼吸法をする前としたあとで、それぞれ参加者に計算問題を解いてもらいました。

すると、呼吸法を実践したあとのほうが、明らかに成績が上昇したのです。

なぜだと思いますか？

ストローで息を吐くように、フーッとゆっくり息を吐ききることで、脳の中でざわついていた考えや気持ちもいったん静まります。たとえ外がざわついていても自分だけは集中している状態になれるのです。

以前、私は不定期で、小学生を200人ほど集めて塾を開いていたことがあります。200人もいるわけですから、当然、子どもたちは落ち着きがなく、ざわざわバタバタしていて勉強どころではありませんでした。

そこで、「ゆっくり息を吸って吐いて」「はい、もう1回吸ってフーッとゆっくり吐いてね」と大きな声で呼びかけ、呼吸法を繰り返してもらいました。すると会場がシーンと静まり返って、みんな集中できる空気に包まれていったのです。

シェイクスピアやドストエフスキーを声に出して読む授業だったのですが、みんな落ち着いてしっかりと読み上げることができました。

最近はマスクなどで呼吸が浅くなりがちなので、大きく息を吸って吐いて、換気する必要があります。息を新しく入れて心を整えるのが、構えづくりの基本です。

日本には、剣道や合気道などの武道から、茶道、華道などの芸道まで、さまざまな「道」がつく習いごとがあります。

武道や芸道でも、「心の構え」をそれぞれの「道」における学びで重視していて、心を整えるためには息を整える必要があると考えています。

座禅の心得にも、「調身、調息、調心」という言葉があります。姿勢を整える「調身」。息を整える「調息」。心を整える「調心」。この3つが整ってはじめて座禅に向かう「構え」ができるわけですね。

何事においても「構え」が必要で、いきなり集中できるわけではありません。

特に、インターネットありきで生活している私たちは、情報の海の中で常に犬かきをしているような状態です。犬かきの様子を思い浮かべていただきたいのですが、非常に慌ただしく脚を動かさなければ溺《おぼ》れてしまいますよね。

私たちの脳はそれほど忙しく情報を処理しながら生活しているので、それだけ疲れが溜まっています。その状態から、いきなりひとつのことに集中しなさいと言われても、犬かきをすぐ止めることはできません。

ですから、いったん区切る作業が必要なのです。

アメリカの作家のスティーヴン・キングも、『小説作法』という本の中で次のように述べています。

「ただ一つ、必要なのはドアを閉じて外部と隔絶することだ。閉じたドアは、人はもちろん、自身に対しても、覚悟の表明である」

「なるべくなら、書斎に電話はない方がいい。テレビやビデオゲームなど、暇潰しの道具は論外である。窓はカーテンを引き、あるいは、ブラインドを降ろす。ただ、四面が白壁のようになるのは感心できない。作家すべてに言えることだが、特に新人は気が散るものをいっさい排除すべきである。経験を積むに連れて、ちょっとやそっとで気が散ることはなくなるに違いないが、とにかく、デスクに向かう前に余計なものは片付けておくのが一番だ」

あの大ベストセラー作家でさえも、執筆に集中するために余計なものをすべて排除した空間を作り、創作に向かうための環境作りと心構えにこだわったのです。

一般人の私たちはなおさらのこと、呼吸を整え、環境も整えて、学びの態勢作りを意識しなければいけないのです。

③「音楽で外界を遮断」して集中モードに入る

では、学びに不要なものをすべて排除することができない環境の場合は、どうすればいいでしょうか。

ひとつには、音楽を聴くことで外界を遮断して、自分の世界に没入する方法があります。

今はスマホとイヤホンがあれば、どこでも音楽を聴ける便利な時代ですから、電車の中でも、カフェでも、もちろん自宅でも、自分が集中できる音楽を聴いて頭を切り替えることができます。

普段から音楽を聴き慣れている人は、独学に合うBGMとしてふさわしい音楽は何か、いろいろ試してみるといいでしょう。

音楽を聴く習慣がない人は、一般的に集中しやすいと言われている音楽を試してみて、自分に合ったものを見つけてみてはいかがでしょうか。

たとえば、モーツァルトをはじめとしたクラシック音楽は、いい影響を与えると言われています。歌詞がなく曲だけを聞き流すという意味でも、クラシック音楽は1人で集中したいときに聴く音楽として適しているように思います。

もちろん、音楽の好みは人それぞれですので、クラシックよりはジャズやロックのほうがやる気が出るとか、「数学にはヘビメタでしょ！」という人もいるでしょう。

私も音楽が好きなのでいろいろ試していますが、聴いているうちにだんだん限定されてきます。

中でも私は、フラメンコギターとの相性がよくて、フラメンコギターの音楽が耳に入ってくるとやる気になります。

仕事にはそれほど好きでない種類のものもあり、気分が乗らないこともあります。そういうとき、フラメンコのようにテンポがよくてご機嫌な曲を聴くと、気持ちが明るくなって集中できるのです。

「ちょっとこの勉強は苦しいな……」と思ったときでも、どこでも聴けるように、お気に入りのフラメンコの曲をスマホのアプリにも入れています。

曲の聴き方にもひと工夫することがあります。１曲だけをリピートするのです。同じ曲だけ繰り返し聴いているとだんだん麻痺《まひ》してくるので、音楽を聴いているようで聴いていないような気分になり、気を取られなくなっていきます。

しかも外界から完全に遮断された状態を保てるので、人から声をかけられても気づかないほど集中できるのです。「ゾーン」に入る感じです。

イヤホンをつけていると、そもそも人が声をかけにくくなるので邪魔されないメリットもありますが、逆にそこまで遮断したくない場合は、片方だけイヤホンをつけてもいいと思います。


少し人の気配を感じたほうが集中できる人は、片方の耳は人の声が聞こえるようにして、もう片方で音楽を聴きながらでもいいでしょう。

家で学習に集中したいときも、両方イヤホンをつけて音楽を聴いていれば外界を全遮断できるので、誰とも話さずにすみます。

片方だけイヤホンをつけて半遮断状態にすれば、家族から話しかけられたときだけ対応して勉強することもできます。

④学びのモードに入って「心理的不安」を排除する

東大の学生時代も、社会に出てからも、私の周りには「勉強の神様に愛された」人たちがたくさんいました。

彼らの共通点は、勉強は好き嫌いというよりむしろ習慣になっていて、どんなに勉強しても疲れることがなく、成績や成果に一喜一憂することもないというところです。

なぜそうなれるかというと、勉強に対する「心理的不安」がまったくないからです。


どんな学びも無駄ではないと確信を持っているので、「この勉強は自分には向いていないかも」「理解できないかも」「記憶しても忘れるかも」といった不安が一切ない。

そんな人に出会うたびに私は驚いて、「勉強の神様に愛されている人って、こんなにたくさんいるんだな」と思ったものです。


頭がいい人ほど「そんなに勉強していませんよ」と言うことが多いのですが、そういう人には2つのタイプがあると思っています。

ひとつは、実際に6時間以上勉強していたとしても、見栄を張って格好をつけるために、「勉強していない」と少なめに言うタイプ。

もうひとつは、勉強している意識すらなく勉強しているタイプです。

後者は、気がつけば何かしら学んでいるので、起きている間ずっと勉強しているようなもの。勉強の神様から愛されている人に多いのはこのタイプです。

では、無意識のうちに学ぶ習慣がついている人のように、「心理的不安」を排除するにはどうすればいいでしょうか？

一番早いのは、その世界のモードに入ってしまうことです。いったん学びモードのスイッチがオンになれば、不安など感じる暇もなく、何でもどんどん吸収していくことができます。

フッサールについて学んでいた私の友人は、いつの間にかフッサールのような話し方になっていて、「大丈夫か？」と思うほどフッサールが乗り移ったような様子でした。彼にとっては、フッサールは学びの対象を超えて、自分と一心同体のような存在になっていたのでしょう。

何かについて学んでいるときは、そのくらいどっぷりその世界に浸ったほうが得られるものも多くなり、理解もどんどん深まっていきます。

たとえ、医学や法律などの専門分野だったとしても、睡眠や仕事以外のすべての時間はずっとその世界に浸りきってしまうのです。

そして、日常会話で専門用語が出てきても違和感がない状態まで持っていく。

モードに入り込むということは、一見、とてつもない大海のように見える専門用語だらけの世界で溺れないようにするための手段です。

プログラミングを学びたい人も、最初はローマ字やカタカナの専門用語だらけの世界にぞっとするかもしれません。

しかし、勉強を続けて専門用語に慣れていくと、むしろ学んだ言葉によって助けられることが増えていきます。たとえて言うなら、それは浮き輪のようなものです。

大海だと思って怖がっていた学びの分野も、1つひとつの知識が浮き輪となって、つかまっていれば大丈夫と思えるようになっていくのです。

ですから、まずは浮き輪をふくらましてくれるような本や参考書を味方にして、伴走者としていつも側にいてもらうことが重要になります。

そうすると、浮き輪につかまることで心理的不安が軽減されるので、途中であきらめる危険が低くなります。

逆に言うと、学びが続かない人は「心理的抵抗」がとても大きいわけです。「こんな難しい勉強、自分にはもう無理なんじゃないか」「そもそもこの勉強は必要ないかもしれない」といった考えが逆風になって、前に進めなくなっていく。

あるいは他人と比較して、「あの人は自分より頭がいいからできるんだ」「自分よりお金があるからいい学校に行ってるんだ」などとマイナス思考が強まってしまう。

誰しも、このような心理的抵抗で挫折した経験が1度や2度はあるのではないでしょうか。

学ぶ推進力ももちろん必要ですが、独学を継続するためには、ストッパーとなる「心理的抵抗」をなくす努力も重要です。

不安、不満、疑問、劣等感、言い訳などが、学びを阻害する大きなマイナス要因になるからです。

勉強の神様に愛されている人は、「自分の能力に疑いを持つことのほうが無駄」という考えなので、勉強が無駄という発想自体がありません。

とにかく学びはじめたら早い段階でゾーンに入り込んで、信じてやり続ける。

区切りをつけるのは、問題集をやり終えたときや、本を読み終えたときくらいで、また次の本や問題集に淡々と進んでいきます。

あなたも、「心理的不安」を払拭してゾーンに入ることができれば、勉強の神様に愛されるようになるはずです。

⑤東大生の「ペンキ上塗り式」勉強法で記憶を定着させる

ほとんどの方は、小中学校で小テストを受けたことがあると思います。

当時はいちいち小テストをするなんて面倒だと思っていたかもしれませんが、実はこれ、大変効果がある勉強法なのです。

ただし、小テストという形式は関係なく、何がわかっていて何がわかっていないのか、集中的に確認して覚えるやり方に意味があるのです。

たとえば本を読んで理解したことを、読み終えたあとすぐメモに書き出すか、頭の中で箇条書きにするだけでも効果的です。

どんな分野の学びでも、「この本は前に読んだところまで何が書いてあったかな?」と、思い出すだけでも知識の定着度が変わります。

私もたとえば、読みかけのローマ帝国の本を開く前には、「ここまでに出てきたローマ皇帝は誰だったかな?」と思い出します。

そして、「マルクス・アウレリウスが出てきて、その前は……」というふうに、ローマ皇帝の名前と特徴を書き出したり、頭の中で箇条書きのように列挙します。その後、本を開いて確認すると、自分の記憶の何が正しくて、何が間違っているかわかるわけですね。


このように毎日少しずつでもいいので、覚えたことを短時間だけでも復習すると、読んでもすぐに忘れることが減っていきます。

1歩進んだら、2歩目を踏み出す前に半歩下がって、知識の記憶漏れを上塗りしていくイメージです。言ってみれば、「ペンキの上塗り式」のような勉強法です。

1回目に本を読んだら、できるだけ早く上塗りして次へ進むと記憶の定着がよくなり、その先の理解も深まります。

学びが続かない人の特徴としてよく見られるのは、はじめのほうだけ完璧主義になって時間をとられて、途中から同じレベルを維持できずにあきらめてしまうパターンです。

読んでいる本の要素が大きなテーマで5章分あるとすると、そのうち1章しか学んでいないのにあとが続かなくなってしまう。ペンキ塗りにたとえたら、５分の１しか塗っていないのに途中で投げ出すようなものです。

それよりは、ざっくりとで構わないのでザーッと塗って、続きに取り組むときに、前回塗った部分をまたザーッと塗り直せばいいのです。

細かい知識の取りこぼしがあっても気にせず、大きなハケを使って何度も上塗りしていくようなイメージです。

これを1日に1回、見開き数ページでいいので上塗りする習慣を身につけると、効果が実感できるようになります。慣れない方はストップウォッチで計って、数ページにつき5分というふうに時間を区切ると、ササッと取り組みやすくなります。

それを繰り返していると、自分が覚えやすい知識と覚えにくい知識の傾向もわかってきます。難しい文章には3色ボールペンやマーカーで線を引くなどして、次にまたもう1回、その次にまたもう1回と何度も見返せばいいのです。

1冊の本でこれを2、3周繰り返すと、かなり高いレベルで知識を身につけることができます。


ポイント的に濃く塗るのではなく、薄くてもいいので何度も上塗りするように復習する方法は、東大生の勉強法としてもよく聞くやり方です。

東大生はいろいろな問題集にあれこれ手を出さず、定評のある問題集を4周、5周と繰り返し解く人が多いのです。

エビングハウスの忘却曲線はご存じでしょうか。

いったん覚えたことでも、翌日には7割くらい忘れてしまうことが科学的にも明らかになっています。ということは、覚えた翌日に復習することが不可欠なので、次に勉強をはじめるときは前日の分を復習してから先へ進みます。

これを繰り返していると、驚くほど記憶の定着がよくなり、２周目、３周目にかかる時間がどんどん減っていきます。

東大に合格する人は、特に数学の勉強において、このペンキ上塗り式を実践している人が多いのです。

大事なことは、ハケを塗る手を休めないことです。

行きつ戻りつしながらでいいので、毎日手を動かして少しずつでも上塗りしていくと、記憶したことが簡単には剝《は》がれ落ちなくなります。

列車にたとえるなら、たとえスピードが遅くてもいいから、とにかく走り続ける。止まりたくない駅があったらいったんスルーしてもいいから、ひたすら走り続ける。「この本の内容は理解できた！　人にも全部説明できる」と思えるゴールまで列車を止めないことが、受験勉強でも大人の学び直しにおいてもステップアップのコツなのです。

⑥学びを定着させるメモとノートのとり方

学びのツールとして、スマホやタブレットを活用している人が増えています。しかし、どんなに時代がデジタル化しても、手書きでメモやノートをとることに勝る勉強法はないと私は実感しています。

メモ、ノートのとり方は、大きく分けると2パターンあります。

ひとつは、自分しか読めないような字でいいから、少しでも記憶するためにメモをとるパターン。

この場合、とったメモを見返すことはほとんどありません。私もどちらかというとこのパターンですが、あとで見返すことがなくても、手を動かすことに意味があります。

ただ聞いているだけだと、ポイントもそうでないことも同じように耳から入って出ていきます。

しかし、手を動かしてメモをとると、大事な言葉を書き留めようとする意識が働きます。つまりそれだけ、積極的に、ポジティブに、主体的に頭を働かせることができるのです。

もうひとつは、受けた講義や読んだ本の内容などを、きれいに整理して、体系立ててまとめるパターンです。

東大時代は、こういうノートをとれる学生が人気で、授業をサボった同級生たちもその人のノートがあれば大丈夫と思っていたので、周りからリスペクトされていました。

私が実際に見て感動したのは、学んだことがすべて構造化されていて、図解もあり、キーワード説明もあり、知識の優先順位までわかる参考書のようなノートです。字もきれいなのですが、ノートのまとめ方が素晴らしく美しい。

そのノートの持ち主は、話すとごく普通の学生という印象だったのですが、今では東大の先生になって教鞭を執っています。

あの美しいノートに、才能と人間性が表れていたのだなと思います。

東大法学部時代の友人にも、ノートが完璧な人がいました。

その人が真面目に授業に出て、勉強してまとめたノートを、授業をサボった人間が借りるのは申し訳ないと思いつつ、よくお世話になりました。

結果的に、その素晴らしいノートのおかげで、講義内容を短時間で理解することができて、無事に試験をパスできました。

ノートを上手に作っていた人は、試験前もあたふたすることなく、優秀な成績を取っていました。

優れたノートをとることは、そのこと自体に大きな価値があり、一見、手間がかかるように見えて実は時間の節約になるのですね。

自分自身で講義内容を要約して、他人が読んでも瞬時に理解できるように美しくノートにまとめることができれば、それに勝る勉強法はありません。

なにしろ、私が短時間で講義内容を理解して試験に受かったわけですから、本人もノートを見返すたびに、そのくらい高いレベルの復習ができるのです。

2回、3回と見返せば、ノートの内容がすべて頭にインプットされて、いつでも人に講義できるくらいにはなるでしょう。

それから、私もノートのとり方を意識したことがあったのですが、どうも向いていていないようで、気がつくといつもの殴り書きのパターンに戻ってしまいました。

あなたのノートのとり方は、どちらに近いでしょうか？

もしも、学んだことをオリジナルの参考書のように、美しくノートにまとめるほうに興味があれば、試してみる価値は大いにあるでしょう。私のように、頭を働かせるために手を動かすほうが向いている方は、それはそれで続けてください。

大事なのは、知識の定着です。きれいなノート作りに時間をかけすぎてしまう人もいますが、気をつけてください。

大学生のように、決まった時間に授業を受ける場合は、その場で瞬時にノートをとる必要があります。一方、社会人の場合は本を読みながら、あるいはオンラインで公開されている講座の動画を見ながらノートをとることもできるでしょう。

マイケル・サンデル教授の『ハーバード白熱教室講義録＋東大特別授業（上・下）』（ハヤカワ文庫ＮＦ）のように、有名な先生の授業が、活字で読める講義録になっている場合もあります。

講義録は、先生が話した内容をほぼそのまま、口調も残して書き起こしているもので、活字でありながら実際に講義を受けているようなライブ感が味わえます。
自分でノートをとるわけではありませんが、講義の内容が再現されているという意味では、講義録も十分有効活用できます。

私も、『荒巻の世界史の見取り図』（ナガセ）などを読んだことがあります。東進ハイスクールの人気講師の授業を講義形式でまとめたこの「名人の授業」シリーズは、他にもいろいろな先生の本が出ていて、ざっと読むだけで要点と全体像が頭に入ってきます。

人気講師の授業を書籍化した「実況中継シリーズ」（語学春秋社）も人気ですね。
本来であれば、高い授業料を払わなければ受けられない名物講師たちの授業を、活字で疑似体験できることは大変ありがたく、活用しない手はないでしょう。

⑦偉人たちが実践した「書き写し勉強法」

近代日本の博物学、植物学、民俗学、菌類学などの分野の先駆者的存在として知られる南方熊楠の勉強法は、「書き写し勉強法」でした。

「書き写すだけなら自分にもできそうだ」と思うかもしれませんが、熊楠の書き写しはその量が尋常ではないのです。

幼少期の熊楠は、まず博物学誌の書き写しに夢中になりました。

知人の家にあった『和漢三才図会』を読ませてもらって記憶したことを家に帰って書き写すことを繰り返し、やがて本そのものを借り出して、全１０５巻の書き写しを完成させたのです。


脳がコピー機のような働きをして、見て覚えたことを書く、という南方のやり方は、効果的です。

書き写しは、福澤諭吉も実践していました。

福澤諭吉は20代の頃、豊前国中津藩（現：大分県中津市）の重臣の奥平壱岐からオランダ語の『築城書』（砲台などを建設するためのマニュアル本）を借りてひそかに筆写しました。

下級藩士の家の生まれで、お金がなかった福澤諭吉は、筆写した『築城書』を授業料代わりにして緒方洪庵が開いた蘭学の私塾「適塾」の住み込み塾生として学びました。

日本の林学の創始者で「公園の父」と呼ばれた本多静六も、書き写しの達人でした。本多静六は、埼玉県に生まれ、父の急死により家に多額の借金が舞い込みながらも、苦学して東大教授になり、明治神宮の森、日比谷公園、大宮公園をはじめとする全国の公園設計に携わりました。

投資家としても巨万の富を築きました。定年と同時にほとんどの財産を教育・公共機関に寄付したことでも知られる人格者でもあります。

本多静六の著書『新版 本多静六自伝 体験八十五年』『私の生活流儀』(以上、実業之日本社)によると、子どもの頃から米つき(米つき臼の杵を足踏みで上下させて玄米を白米にする作業)などの農業を手伝っていたといいます。

その米つきの作業中、静六は、足踏みしながら漢文を覚えて、勉強は米つきしながらでもできるという自信から、独自の暗記習慣を身につけました。

まず、熟読した本の重要ポイントを見つけて、１章読み終わるごとに要約し、別の紙に書き出します。静六はこれを「エキス勉強法」と名付けました。

さらに、このエキスを書き出した紙をポケットに入れて毎日散歩して、ときどき紙を取り出して読みながら１～２時間ほど歩いていたといいます。

これは「行読法」と名付けて、『机の上ではどうも覚えられないことも、歩きながらだと不思議とうまくいく』と著書で述べています。

米つきで足踏みしながら暗記したときのリズムがちょうどよかった、とも書いているので、散歩もそれに近い感覚があるのでしょう。

書き写したものを、声に出して読み返すところまで実践すると、より記憶が定着しやすくなるのです。

静六は９歳で父親を亡くしましたが、農閑期は塾に住み込み書生として学びながら、農繁期はこの独自の勉強法を続けて、東京山林学校（現在の東京大学農学部）に進学します。卒業後はドイツにも留学して、林学の第一人者となりました。

静六の自伝を読むと、勉強は机の上でしなくても十分身につけることができることがわかります。

もっと歴史をさかのぼると、紫式部も清少納言も、書き写しで漢文の素養を身につけました。

2人が生きていた平安時代は、「漢文は男が読むもの」という考えが一般的で、紫式部の父親の藤原為時は、天皇に漢学を教えた漢詩人で、歌人でもありました。おそらくその影響もあったのでしょう。

紫式部は、子どもの頃から読み書きが得意で、兄弟が父親から漢文を教えてもらっているときに自分も横で聞きながら、どんどん覚えていったそうです。

漢字や漢文は男性にとっての教養で、女性は仮名文字だけ読めればいいと考えられていた時代に、紫式部は自ら漢籍を読んで書き写し、漢文の素養を増やしていったのです。

それでも、字がわからないフリをしていたといいます。

一方、『枕草子』を書いた清少納言も父親が有名な歌人で、子どもの頃から父に教わって漢文の素養を身につけていきました。

清少納言は紫式部と違って、漢文がわかることを自慢したかったようです。

『枕草子』に出てくる「香炉峰の雪」の段は、漢文がわかる者でなければ通じない、中国の詩人、白楽天が詠《よ》んだ詩をふまえて書いた話です。漢詩がわかる者同士だから通じる、教養のエピソードです。

そういうエピソードを得意げに書いてしまうところは、紫式部と対照的ですね。

いずれにしても、紫式部と清少納言は1000年後にも残る『源氏物語』と『枕草子』の歴史的名作を生み出した作家ですから、その知識欲、向上心、そして時代環境に負けないメンタリティは、大いに学びたいものです。

新しく価値あるものを作り出すためには、前例や慣習にとらわれず、自分にできるかどうかと恐れることなく、学びたいものを学び続けることが大事なのです。

書き写しはこのように、多くの偉人が実践してきた勉強法ですから、デジタル時代になった今でも、真似してみる価値は大いにあると思います。

大切なのは、一歩ずつ進むことです。本居宣長は『うひ山ぶみ』という本で、学問の初心者に向けた学びの要諦について、次のようにアドバイスしています。

たとえ自分に才能がないと思っていても、やる前から絶望するのではなく、継続することでわかるようになることもある。
とにかくあきらめずに学問の道を進み続ければ、意外とできるものなのだ。
思い悩んであきらめる心が、学問の一番の敵なのだ。

これは、本居宣長自身も並々ならぬ努力を続けて、『古事記』の全44巻の註訳書『古事記伝』を完成させた経験をふまえて書いた、実感のこもったアドバイスです。

本居宣長は、『万葉集』の研究をしていた国学者の賀茂真淵を尊敬していて、真淵と生涯で一度だけ会ったことがありました。

真淵67歳、宣長34歳のときです。

これは「松坂《まつさか》の一夜《ひとよ》」と言われている出来事で、真淵は宣長に学問の心得を説き、『古事記』の研究をするよう励ましました。

その一期一会が、宣長にとっては運命の出会いとなり、翌年から『古事記』の研究に着手しておよそ35年の月日をかけて『古事記伝』を完成させたのです。

今はどんな情報でも文献やインターネットで調べられますが、宣長が『古事記伝』を書きはじめた250年以上前の研究は、前人未踏の地に１歩ずつ足を踏み入れていくような作業だったと思います。

まさに独学によって『古事記』を解読していったわけですから、とてもワクワクしたのではないかと想像します。

自分がはじめて探究して、研究して、新しく切り拓いた学問が歴史的に価値あるものになれば、研究者としてこれ以上喜ばしいことはないでしょう。

その体験を弟子はもちろん、後世に伝えたくて、『うひ山ぶみ』を書き残したのでしょう。

この本は、岩波文庫や講談社学術文庫から出ていますので、学習のモチベーションを高めるためにも読んでほしいと思います。

⑧通信教育を独学と併用する

2020年から世界で感染拡大した新型コロナウイルスの影響で、日本でもオンライン学習が急速に広がり、通信教育の学校の人気も高まっています。

オンライン授業を基本とした学び方が、学生にも社会人にもどんどん広がっていきました。

もちろん、通信制と通学制のどちらにもメリット・デメリットがあるので、一概にどちらがいいとは言えません。

しかし、忙しい仕事の合間に勉強したいビジネスパーソンや、さまざまな事情から時間的、経済的に余裕がない人にとって、通信教育を独学と併用することは有益です。

フィギュアスケート選手で2019年と2020年の四大陸選手権を連覇した紀

平梨花さんは、通信制のＮ高校を選びました。同じフィギュアスケートの選手として活躍しており、２０２２年北京オリンピックで銀メダルを獲得し、２０２１年、２０２２年シーズンの世界選手権で２位になった鍵山優真さんも、通信制の星槎《せいさ》国際高校に通っています。

他にも、いじめに遭ったり、学校教育自体に抵抗を感じて不登校になってしまった子どもの学習機会を奪わないため、積極的に通信教育を受けさせるご家庭もあります。

実際、私の周りにも、通学制の高校を中途退学したあとに、通信制の高校を卒業して、大学入学資格を得て大学に入ってくる学生がいます。

むしろ割合的には増えてきていると感じています。

社会人向けの通信制大学や大学院で学んでいる人の数も多く、大人の学び直しが注目されるようになった昨今は、働きながら受講している人もめずらしくありません。

自分で本や教材を読んで勉強する独学は、どのくらい知識が定着したか客観的に見ることが難しいところが難点です。

その点、通信教育を併用して課題に取り組めば、勉強の成果が可視化されて、先生からフィードバックをもらうことができます。

生徒と先生の双方向的なやりとりが、やる気と継続力につながっていくのです。

社会人向けの通信教育は、受験勉強のようにやらされ感がないところも、独学と相性がいい点です。自分が興味関心のあるテーマを選び、その専門家の講義を受けて、場合によっては他の受講生とディスカッションすることもある。

そのように、たった1人で勉強するのとは違う仲間意識がいい刺激となって、学力向上につながっていきます。


講師のほうも、受験や資格試験対策用の授業と、知識を身につけて思考を深めるための授業ではまったく教え方が変わります。

後者の場合は、その専門分野の面白さ、楽しさを知るだけで得られるものが大きい通信教育を選ぶのもありです。

独学と併用するなら、余剰部分の贅沢《ぜいたく》な楽しみを優先して学べるのも、通信教育の魅力です。

一方、大学受験や国家資格試験を突破したい人は、通信教育を併用する目的が変わります。

受験勉強は、講義形式で聞いておよその知識を仕入れつつも、勉強の基本は定番の参考書と問題集、そして過去問を攻略することです。

特に過去問は、非常に分厚い本が何冊もあるので、各科目それぞれ、３年分、５年分、場合によっては10年分も解く必要があります。

一度、解いたら復習して、またできなかった問題を解き直して、過去問をひたすらやり込むのです。

そういう勉強ばかりして飽きてきたら、その科目の先生が、別に講義をしている授業を、オンラインの動画やＤＶＤで受講してみると、別の角度から、その科目の魅力や面白さが伝わってきて、やる気になることもあります。

資格試験の勉強や、本や教材で学べることは独学で進めながら、勉強のモチベーションを高めたり、維持するために通信教育やオンライン学習を活用する。

そのように並行した使い方がうまくできれば、学んだことが相乗効果的に身についていくでしょう。

⑨学びの質を高める休息法

情報過多の時代を生きている私たちの脳は、起きているだけでも疲れやすくなっています。

集中力や記憶力の低下を避けるためには、意識的に脳を休ませなければいけません。

睡眠には脳を休ませる効果があります。仕事や勉強をがんばっている人ほど、昼寝が必要なのです。

夜の睡眠は、短くても大丈夫なショートスリーパー、長く寝ないとダメなロングスリーパーなど個人差があるので、自分で睡眠リズムを管理してほしいのですが、日中は短時間でいいので、みなさんに仮眠をとることをおすすめします。

私はロングスリーパーですが、仮眠もよくとります。

ここで言う仮眠のイメージは、座禅に近いと思ってください。

自宅でも、カフェでも、オフィスでも、場所はどこでも構いませんので、目を閉じてスーッと息を吸ってゆっくり吐きます。それを２〜３回繰り返すと、自然とゆっくり息が出入りするようになっていきます。

すると、無意識のうちに力が入っていたところの「力み」が取れて、眠りに落ちたような感覚になります。実際に寝てしまう人もいるかもしれませんが、できるだけこの仮眠の１歩手前の状態のまま、目と脳を休めてください。

10分くらいが目安ですが、時間がない人は３分でも構いません。寝すぎないようにタイマーをセットしてもいいでしょう。

慣れてくると１分でも30秒でも、脳を回復させることができるようになります。

仕事が忙しくてきついなと思ったら、30秒でも１分でも、息を吸って吐いて、吸って吐いて……と繰り返しているうちに、脳が復活していきます。

ただし、脳が疲れきっている人は仮眠のつもりでもすぐ眠くなります。

独学をがんばっている人も一定時間、集中力を持続させているため、昼間でも眠くなるのが普通です。

興奮したあとは眠れないという人もいますが、逆に疲れきって眠たくて仕方ない人は、「ちょっとだけ寝かせて」と、長めに30分ほど仮眠をとったほうがいいでしょう。

すると、驚くほどスッキリして脳が元気になります。


バスケットボールマンガ『SLAM DUNK』に、試合が終わったメンバーがみんなロッカールームで雑魚寝してしまうシーンが出てきます。

読んだことがある人は、あのシーンをイメージしてください。心身ともに全力を尽くした人間は、あのようにどこでもグーグー眠れるのです。

見方を変えれば、勉強が足りない人は眠気にもおそわれないので、その場で倒れ込んで寝てしまうくらい、全力を尽くしてみることも大事です。


また、仮眠とは別に、楽しく学びながら休息をとることもできます。

特に休日は、気持ちのいいテラスや植物があるカフェにでも行って、だらだらと本を眺めたり、マンガを読んだり、イヤホンで音楽を聴いたり、友達とたわいないおしゃべりをして楽しんで、頭をリラックスさせるのです。

30分でもそういう時間をつくると、休日らしいリフレッシュした感覚を味わえます。

実存主義を提唱した哲学者のサルトルが生きていた時代は、パリのサン・ジェルマン・デ・プレにあるカフェが、作家や芸術家たちの居場所になっていました。

自由で雰囲気がいいカフェが休息場所になって、そこに集まって元気になった知識人たちの知が活性化していました。

脳を休めると脳が元気になるので、その2つを楽しめるのが、気持ちがよくて居心地のいいカフェでの学びや会話なのです。

すでにお気に入りのカフェがある人もいると思いますが、特にない人はぜひ、疲れたときにゆっくり時間を過ごせる休息場所を探してみてください。

会社でも自宅でもない、第3の居場所があると、気持ちの逃げ場にもなります。

もっとたっぷり休日感を味わいたいときには、私は2～3日間ほど小旅行に出かけます。

沖縄が好きなので、沖縄で読む本を何冊か決めて持っていくのですが、旅先で読んだ本は、その場所の印象が色濃く残るのもいい思い出になります。

また、昔はお気に入りの絵を見るために、美術館目的の旅行もよくしていました。自分で所有することはできないので、美術館に預かってもらっているつもりで、感覚的には自分の絵だと思っていたほどです。

ですから、「会いに行く」という表現が一番しっくりきました。


建築も同様で、建築様式の美しさに惹《ひ》かれて、何度も見に行った建物があります。

たとえば金沢市にある鈴木大拙館は、禅の思想を世界に広く知らしめた仏教哲学者・鈴木大拙の精神が生かされた美しい建築様式が素晴らしく、何度も足を運びました。

1歩足を踏み入れると、そこは鈴木大拙の世界を体現した空間で、静謐《せいひつ》な空気に心洗われます。そして、慌ただしい日常から離れて思索にふけることができ、自己を見つめる時間を過ごせるのです。

資料館を見学すると、鈴木大拙が英文で書いた本『Zen and Japanese Culture』という本があるのですが、これは全文訳されているわけではないことがわかって原書を買うこともできました。

ついでに禅のTシャツも記念に買って、嬉《うれ》しかったことを覚えています。

このように建物全体、その空間すべてに、ある人物の精神が詰まっている記念館が全国各地にあります。学びの中で特定の人物に興味関心を持ったら、知の休息のつもりで、その人の記念館に足を運んでみると面白いと思います。

茨城県の水戸市にある徳川ミュージアムには、水戸徳川家ゆかりの名宝、遺品、古文書類などが多く展示されているので、歴史好きの人は楽しめる場所です。

ここは、「水戸黄門」のモデルとして知られる徳川光圀公がはじめた『大日本史』編さんの大事業を進めた史局が元になっている博物館です。

『大日本史』は約250年の年月をかけて完成した歴史書で、その草稿本を見るために、私も徳川ミュージアムに行ったことがあります。

ミュージアムショップにあった水戸黄門の印籠の模型は、大学の授業で「この紋所が目に入らぬか！」と、学生たちに見せて遊ぶために買って帰りました。

このように、休日に遠出をすると日常を忘れるので、新鮮な気持ちで旅することができます。

美術館、記念館、博物館を訪れると知的な体験もできるので、普段、学んでいることが五感を使った豊かな記憶として心に残ります。

1人で家にいても、スマホやパソコンを見ながらだらだらしているうちに、1日があっという間に過ぎてしまうことはありませんか？

じっとしているよりも、思い切って外に出て環境を変えたほうが、脳が喜ぶことは多いものです。表に出ると運動不足解消にもなりますし、疲れた頭だけでなく心の栄養にもなります。

第3章

独学をエンターテインメントとして楽しむ4つの方法

①学びの宝庫、マンガを読みまくる

何かを学びたいと思ってはいるけれども、勉強は嫌い——。

学生時代、学校の授業や勉強がつまらなかった人は、そんな苦手意識があるかもしれません。独学や自学自習を続けるコツは、とにかく楽しむこと。イヤイヤながら学んだところで何も身につきません。

仕事が忙しくて気持ちの余裕がないときや、学びたいことがはっきり決まらないときは、エンターテインメントの作品から学びのヒントを見つけてみるというやり方があります。

たとえば、マンガが好きな人は、読んで面白かった作品に関する物事を深く掘り下げてみてはいかがでしょうか。

大ヒットした『呪術廻戦』（芥見下々／著、集英社）を読んでいる人は、日本の呪術や呪術師、陰陽五行の歴史を調べてみると面白いかもしれません。

平安時代には、呪術も使える陰陽師《おんみょうじ》がいて、陰陽五行思想にもとづいた祈祷《きとう》や怨霊退治を行っていました。

それも朝廷を中心とした公的機関が認め、保護した立派な職種で、今の国家公務員と同じ扱いだったわけですから、どれほど重要な役目だったかわかるはずです。

実在した陰陽師安倍晴明のことも、マンガや映画になっていますので、関連する作品にもどんどんあたっていくといいでしょう。

呪術や占いは、中国やインドからも伝わってきていますし、西洋では呪術や魔法も含めて魔術という言い方が一般的です。東洋と西洋の呪術師の違いを調べていくと、世界史の学びにもなります。

ただ、エンターテインメント作品は娯楽が目的で、フィクションとして描かれているものがほとんどですから、正しい知識を学びたければ資料や文献で調べながら、史実と虚構の世界を連動させていく必要があります。

娯楽と教養の2本立てで学ぶことによって、記憶の定着が格段によくなっていきます。

私もマンガは好きでよく読むのですが、たとえば、わたなべまさこさんの『金瓶梅』(双葉社)というマンガは、中国の明代後期の風俗、風紀や制度、慣習がよくわかって面白い作品でした。

とても官能的でエロティックな描写が多いので、未成年の方にはおすすめできませんが、わたなべさんの画が非常に優れていて美しいのです。

もう1人、マンガ家の竹崎真実さんも、ぶんか社の「まんがグリム童話」シリーズで『金瓶梅』を描いています。こちらも、わたなべさんとは違った味わいの美しい画で描かれているので、自分の好みに合うほうを選ぶこともできます。

『金瓶梅』はもともと『水滸伝』から生まれた中国の四大奇書のひとつで、インターネットに情報もたくさん載っていますが、史実として学びにつながるのは中国5000年の歴史に関する本です。

こういう本を読むと、たとえば中国には昔、女性の足が大きくならないようにする「纏足《てんそく》」という風習があったことや、それがどんな目的で行われたのかがわかります。

足が小さい女性は魅力的で美しいと考えられていたとか、足が小さすぎてよちよち歩きになる女性の姿を男性が楽しむためであるとか、布でくるんだ足の臭いを嗅いだめだったとか……。

驚くような背景から生まれた風習を知るだけでも、「中国っていったいどんな国なんだ？」と興味を持ちますよね。

単純な好奇心からで構わないので、一見、勉強とは関係なさそうな、たとえば中国が舞台のマンガに目を通してみると、中国の歴史に詳しくなりますし、その史実を脚色したマンガのエンターテインメント性もより楽しめるようになります。

あるいは、『四月は君の嘘』（新川直司／著、講談社）や『ピアノの森』（一色まこと／著、講談社）のように、クラシック音楽の世界を描いたマンガもたくさんあります。

どちらもアニメになっているので、作中に出てくる曲を実際に聴くことができます。音楽が付いているアニメからのほうが入りやすいかもしれませんが、先にマンガを読んで自分なりに音楽を想像してから、アニメに入っていくという楽しみ方もあります。

世界史に興味がある人は、『ヒストリエ』（岩明均／著、講談社）がおすすめです。実在したアレクサンドロス大王の書記官のエウメネスが主人公ですから、このマンガを読むだけで古代の世界に詳しくなれます。

戦国武将たちが傾倒した、茶道や美術の世界がコミカルに描かれているのは『へうげもの』（山田芳裕／著、講談社）です。

織田信長、豊臣秀吉に仕えた武将・古田織部が主人公の歴史マンガで、戦国時代に大流行した茶の湯の世界を知ることもできますし、さまざまな「美」に開眼していく武将たちの個性と生き様の違いを楽しめます。

微生物の世界を描いた『もやしもん』（石川雅之／著、講談社）は、私も読んですっかり「菌」のファンになり、知的雑菌力で免疫力の高い人間になることを説いた『雑菌主義宣言！』という本まで書いてしまいました。

『もやしもん』の作者の石川さんにカバーイラストを描いてもらって、大変満足した覚えがあります。

『宇宙兄弟』（小山宙哉／著、講談社）を読むと、宇宙や宇宙飛行士の存在がぐっと身近に感じられますし、医療マンガの『医龍』（乃木坂太郎／著、永井明／原案、小学館）を読むと、医療の世界の舞台裏がよくわかります。

このようにマンガは、知らない世界を知るきっかけになりますし、すでに知っている世界でもエンターテインメントとして楽しめるところが大きな魅力です。

マンガのもうひとつのメリットは、文章で読むと難解なことでもわかりやすくなる点です。

以前、ある人にニーチェの『ツァラトゥストラ』をすすめたところ、本で読むと疲れるので講談社から出ているまんが学術文庫の『ツァラトゥストラはかく語りき』を読んだらサクサク読めた、と言っていました。

また、マンガを読んで内容を理解したあと、本に戻ってみると、難しいイメージが軽減されているのでスムーズに読み進められるようになります。

文章の本の場合、１日に５冊も目を通すとなると気が重くなりますが、マンガだったら5冊くらいは普通に読める人も多いでしょう。

前にも述べたように、私はKindleで読み放題のサブスクリプションを利用していますので、普段、自分では手に取らないようなマンガも好きなだけ読んでいます。

また、マンガはページを繰りながら読むより、指でポンポンと押しながらタブレットで読むほうが2倍、3倍スピードが速いので、何冊も一気に読み進められます。

斜め読みをすると、文章の本より10倍くらい速く読み進められることもあるのですが、内容はそれなりに頭に入ってきますし、ちょっと疲れていても軽い気持ちで読める点がマンガのいいところです。

普段の読書が、各駅停車、準急のスピードだとしたら、タブレットで読むマンガは急行、快速、場合によっては新幹線のような感覚に近いかもしれません。

あっという間に、十数巻もののシリーズを完読してしまうこともあるほどです。

それほど、文章の本とマンガは読み方がまったく違うので、そのときの気分や状況に合わせてうまく使い分けると、学びの相乗効果が高まります。

②学んだことを図解・イラスト化してみる

学んだことを頭の中だけでごちゃごちゃ考えるより、好きなように図にしたり、イラスト化してみるのも、楽しみながら理解を深めるひとつの手法です。

文章を読むだけだと、どうも頭の中に入ってこないとか、わかったようでわからなくてモヤモヤするというときは、自己流で構わないので図やイラストにしてみるのです。

これは、私が高校時代に実際に試して大きな効果を感じた経験があるので、図や絵が下手な人でもまったく問題ありません。

ポイントは、文章の内容を図やイラストにしたあと、それを見ながら自分で自分に説明してみることです。図解化、イラスト化したことを、頭の中で文章化しながら口に出すといったほうがわかりやすいかもしれません。

この文章と図の往復ができると、内容を漏れなく理解できるようになり、記憶の定着が格段によくなります。

この方法を体得してからは、覚えたことを紙や手帳に図解化、イラスト化する習慣が身につきました。東大の教養学部時代に読んだ、行動心理学の分厚いテキストも、自己流で図解化しながら覚えたのですが、その後、西東社、ナツメ社などの出版社から図解シリーズが出て、図解ブームになりました。

当時は、「やはり図解は学びたいことをわかりやすく理解するために有効な手段で、市場のニーズがあったのだな」と思ったものです。

図の描き方を難しく考える必要はありません。学んだ単語を並べて矢印で結べばいいのです。

ピーター・M・センゲの『学習する組織――システム思考で未来を創造する』（英治出版）という本があります。

この本は、一見、複雑に見える物事や事象でも、全体のシステムを構成する要素間のつながりを図式化して体系的にとらえることで、理解を深めて問題解決を図ることの重要性を説いています。

つまり、自分が学んだことをすべて書き出して、何が何に影響しているのか、何と何に相互作用が働いているのか、矢印でつないで図式化することで、全体をシステムとしてとらえていくわけです。

たとえば、パリの地図を「何が北にあって、何が南にあって……」と文章だけで説明するのではなく、地図そのものをパッと見せられたほうがすぐ理解できますよね。

これは脳の働きで考えると、右脳と左脳の２つの違いを使い分けると言ってもいいと思います。図が右脳、文章が左脳。右と左の脳ががっちり組み合わさるようなイメージです。すでに図解された本を読んでもいいのですが、自分で図を描く練習をすると、あらゆる場面で役立ちます。

以前、芥川龍之介の『羅生門』という短い物語を、学生たちに図解してもらったことがあったのですが、さらさらと図にできる人とそうでない人がはっきりと分かれました。

さらさらと図にできる人は、何かを人に説明するとき、全体をつかんでから話すので体系立ててわかりやすく説明できます。

同じ芥川の『蜘蛛の糸』でも、お釈迦様、蜘蛛の糸、地獄にいるカンダタがどういう関係か図にすると、状況がパッとわかります。

あとは、起きた出来事を時系列で文章にしていくと、より正確に話の内容を伝えることができます。

夏目漱石の『こころ』のように長い小説はどうでしょうか。

長い小説の場合、まず登場人物の相関図を描きます。そのあと、誰にどんな出来事があったか書き込んでいきます。さらに、それぞれの関係と状況の変化を、キーワードで構わないのでプラスしていくと、物語の全体像と流れが1枚の図でざっとつかめます。

その図を見ながら、自分で自分に講義するつもりで、どんな小説でどこが読みどころなのか説明してみるのです。

大学で、ドストエフスキーの『罪と罰』や『カラマーゾフの兄弟』という長編をみんなで図にしたところ、大変盛り上がりました。

このように、図と文章をセットで理解する訓練を積めば、要約力や説明力が飛躍的に高まるのです。

人柄はすごくいいけれども人前で話すことが苦手な学生がいました。

理科系で生物の先生になりたいということだったので、話が苦手なままでは困るだろうと思い、その学生の課題発表についてどうすればいいか、他の同級生も一緒に考えてもらいました。

結果的に、生物に関する手書きイラストを描いてもらって、それを基に説明する方向でお願いしたところ、とても細やかでわかりやすいイラストを描いてきて、スラスラと説明してくれたのです。

あまりにも上手だったので、「学校の先生になったらこんなふうにイラストを描いて生徒に説明したら、生物が好きになる子がきっと増えるからやってみてね」と伝えました。

そして、「もしよければ、毎週、授業で取り上げる項目ごとにイラストを描いて持ってきてみてよ」と言ったら、イラストを描くことは苦にならないようで、いつも持ってきてくれたのです。

その学生は、念願叶って先生になり、イラストを使った授業で生徒が喜んでいるようです。

逆に、話はできるけれどもイラストは苦手という人は、市販されている図解本を参考にするといいでしょう。

今はほとんどの分野で図解本が出ていますので、特に要約力や説明力を鍛えたい分野があれば、図解本を見ながら文章や口頭で説明する練習をすると効果的です。

大学の授業では、小説家の人生をすごろく化してとても面白く表現した学生もいました。

私が太宰治について本を書いていたとき、国語の授業を担当していたクラスで「国語の授業の内容をゲームみたいにできないか考えてきて」と課題を出したのです。

すると、ある学生が「太宰治の人生すごろく」をきれいな字で書いて作って見せてくれました。

人生ゲームのコマには、「作文で先生に褒められる（酒一合GET）」、「芥川の自殺に大きなショックを受け放心（1回休み）」、「学業成績が急激に落ちる（手持ちの酒を手放す）」……といった太宰のエピソードが並んでいて、とても面白かったので、私が書いた太宰の本にも収録させてもらいました。

太宰治の魅力的な面も、酒を飲みすぎてやらかしてしまうダメなところも、すべてひっくるめて人生すごろくにしてしまう彼女には、太宰に対する愛があるのです。

彼女が要約力と表現力で作ってくれた太宰の人生を楽しめるすごろくは、学びが創造力を養うことまで教えてくれました。

他の学生も影響を受けて、『源氏物語』をシリーズものの4コママンガにするなど、新しいアイデアもいろいろ生まれました。

『源氏物語』をエンターテインメントとして表現するためには、作品内容をより詳しく調べる必要がありますので、勉強のレベルを超えてクリエイティブな段階へと移行していきます。

独学を土台にしてエンターテインメント作品を作り上げていけば、その人のオリジナリティも磨かれるのです。

③学んだことをコントや動画で表現してみる

お笑いが好きな人や、動画制作に興味がある人は、学んだことをショートコントや動画で表現してみると、見てくれた人にも喜んでもらえます。

せっかく人に伝えるなら、オリジナリティのある面白い表現で楽しんでもらえば、自分自身の経験としても忘れることはないでしょう。

私の授業でも、『論語』や『ツァラトゥストラ』などの古典を題材にしたコントの台本を作ってもらって、実際にみんなの前で演じてもらう課題を与えることがあります。

ある2人組は、人気漫才コンビのミルクボーイの真似をして、片方が振ったネタにもう片方が定番のツッコミを入れていく「リターン漫才」のノリで古典を紹介するコントを披露してくれました。

「3人1組になって、『論語』に関するコントを5分で考えてください」と言うと、ほとんどの人が現代社会を舞台にして、誰が聞いてもわかるネタでコントを考えはじめます。

あるグループは、アイドルの話の1コマに、孔子の言葉が生きるシチュエーションを出してくるなど、現代風で凝っていてなかなか面白いものもありました。

このように『論語』自体をひとつの素材として、コントというクリエイティブな発想で表現すると、オリジナリティが磨かれます。


自分が読んだ文学作品について、動画でプレゼンしてもらうこともあります。そうすると、動画制作に慣れている学生は、プロのような工夫を凝らした動画を作ってきます。

アニメが好きな学生は、自分でオリジナルのアニメを制作してくることもありますし、映画の予告編のような完成度の高い動画を制作してくる子もいます。

どれも立派なエンターテインメントとして仕上がっているので、学びがクリエイティビティを発揮するきっかけとなっているのです。


学んだことで人を楽しませるという意味では、名言をもじって表現する方法もあります。ジョークの基本は「もじり」「アレンジ」ですから、古典や名作の有名なセリフや言葉を少しもじって、バカバカしいことを言ってみると笑いが起きて場が盛り上がります。

友達と一緒にいてお腹が減ってきたとき、ダイエットが気になるけれどもラーメンが食べたくなったとしましょう。

シェイクスピアの『ハムレット』の「To be, or not to be, that is the question」の台詞を借りて、「ラーメンを食べるべきか、食べないべきか、それが問題だ」と言って、わかってくれる人とは、『ハムレット』という共通の知識を通じて笑い合うことができます。

イギリスで新型コロナウイルスのワクチン接種がはじまったとき、接種をした2人目の男性が「ウィリアム・シェイクスピア」だったことから、SNSでは、シェイクスピアの作品名や台詞をもじった投稿が相次いだというニュースが流れました。

「名前でみんな大騒ぎしているけど『から騒ぎ』だと思うな」

「『終わりよければすべてよし』」

「これぞ『冬物語』」

これも、シェイクスピアの作品の『から騒ぎ』『終わりよければすべてよし』『冬物語』を知っているからこそ笑えるジョークです。

教養を身につけると、共通言語が増えてユーモアまで共有できるようになるのです。

古典を自分の体験に置き換えてみんなの前で発表する、ある種のイベントのような気分で楽しむこともできます。

私が、学生たちに『論語』と自分の体験談を絡めたエピソードを3つずつ発表してもらったときは、この授業を「論語祭り」と名付けました。

ある学生は、高校時代にがんばっていた部活の試合でミスをして、チームを敗退させてしまった経験について、次のように語ってくれました。

「子曰く、『過ちて改めざる、是《これ》を過ちという』。ミスをした結果は変えられないけれど、ミスをふまえて次の行動を改めることはできます。私にはこの言葉がとても響いたので心に留めたいと思いました」

この学生のように、学んだことを自分事として解釈すると、生きた学びになります。

実際にやってみると、「確かにこういうことある！　わかる、わかる！」と周りの共感も得られるので、自分が主役になったような気分を楽しめるのです。

④「偏愛マップ」で自分の世界に没入する

今までに私の本を読んだことがある方の中には、すでに「偏愛マップ」を実践している方もいらっしゃるかもしれません。

自分のクセや偏りも含めて、好きなものをすべて書き出す「偏愛マップ」は、人間としての魅力を最大限発揮するだけでなく、究極のコミュニケーション・ツールになります。

あえてこの本でも「偏愛マップ」をおすすめしたいのは、自分の好きなもので埋め尽くされた世界をマップとして「見える化」することの喜び、楽しみ、ワクワク感を経験することで、学びがより楽しくなるからです。

本、マンガ、映画、音楽など、さまざまな作品に触れていると、自分が何に興味があって何が好きなのか、明確になっていきます。

私の場合、興味関心があるものがつながり合っていきます。1冊の本を読むとそれに関連する本も読みたくなります。さらにこれとこれがつながるからまた読んでと、芋づる式に点と点がつながって線になり、面になっていきます。

これが好き、あれも好き、というふうに、自分の偏った「好き」を紙に書いて線でつないでいったら、6畳の部屋でも足りないでしょう。

以前、私が市民大学で教えていたとき、受講生に「好きなものをすべて書き込んで線でつないだマップを持ってきてください」とお願いしたことがありました。

すると、自分の好きなものを書いたり貼ったりして、書きはじめたら止まらなくなったといって、とても大きな模造紙に書いた偏愛マップを持ってきてくれた方がいたのです。

50歳くらいの女性で、ずっとバリバリ仕事をしてきて、本もたくさん読んできたとおっしゃっていた、とても知的な方でした。

その模造紙を見た私も、他の受講生もみんなで、「こんなにたくさん好きなものがあるんだ！」と感動したのです。

自分の好きなものが、A4の紙1枚だけで足りる人もいれば、その女性のようにいくら書いても書き足りないほど、広い世界を持っている人もいます。

好きなものといっても、古典や名作は読んだことがないし、特に今学んでいることもないから、趣味くらいしかない……。

そういう人もいるかもしれませんが、趣味の中にも学びはたくさん詰まっています。

以前、TBSのバラエティ番組『マツコの知らない世界』に、盆栽にハマっている中学生の男の子が出ていました。

「さいたま市大宮盆栽美術館」に行って盆栽を見てから、盆栽に興味を持ち、自分でも育てはじめるようになったのだといいます。彼はさらに、世界的な盆栽作家、木村正彦さんを師匠として、盆栽についてより深く学び続けていると語っていました。

そのように、ひとつの世界について徹底的に学んで掘り下げて、他の誰も真似できない独自のワールドを楽しむ人は、たくさんいるのです。

偏愛のきっかけは、身近なところにあります。

美術館や博物館に行かなくても、今日の行動の中にあるかもしれません。

マンガ『鬼滅の刃』（吾峠呼世晴／著、集英社）を読んだことがある人で、作中に出てくる四字熟語が面白いと思った人がいるとします。
「生殺与奪《せいさつよだつ》」「猪突猛進《ちょとつもうしん》」「武運長久《ぶうんちょうきゅう》」「融通無碍《ゆうずうむげ》」「生生流転《せいせいるてん》」……。

ここに並べただけでも、知らない四字熟語があるかもしれません。

そんなときは、四字熟語の本で意味や成り立ちを調べてみます。

その中で、字面や意味がカッコいい熟語や、面白い熟語を次々に発見して、四字熟語だけの偏愛マップができてしまった！　という展開になるのも素晴らしい学びだと思います。

同じ『鬼滅の刃』でも、鬼について興味を持つ人もいれば、鬼に有効な唯一の武器である日輪刀を作る刀匠（刀鍛冶）について調べてみたい人もいるかもしれません。

きっかけはなんでもいいのです。

すべてのものには、そこからのびていく線があります。のびた線をさらに次のものへとつなげて次々に絡み合わせていくと、世界が広がり楽しみも広がっていきます。

偏愛マップは、あなた自身です。好きなものを追い求めて学び続けてきたことは、これまで生きてきたことの証明になります。

いかがでしょうか？　あなたの偏愛マップは、どのくらいの広さ、深さがありそうでしょうか？

試しに、紙でもパソコンでもいいので、何か好きなものをひとつ書いて、それが他の好きなものにどうつながっていくか線でつないでみてください。

その線が蜘蛛の巣のように、網の目のようにつながっていくと、あなたの中にある知識のネットワークも太く強くなっていくのです。

第4章

パフォーマンスを高める独学の4つのとらえ方

①学んだ直後に「30秒プレゼン」をする

学びとアウトプットは、セットでなければ意味がありません。

インプットしたことはアウトプットしなければ、あなた自身のパフォーマンスが上がったとは言えないでしょう。だからといって、難しく考える必要はありません。

本を読んだ翌日や映画を観た帰り道など、いつでもどこでも、誰に対してでもいいので、15秒から30秒で感想や内容を話せばいいのです。

私が先日、WOWOWで観た『美しすぎる裸婦』というロシア映画があります。

この作品について話すなら、次のように説明します。

「昨日、ロシア映画を観たんだよ。有名な写真家の男が、ろうの美しい女の子を被写体として気に入って監禁する話でね。男は異常なまでに女の子を撮り続けて最後は丸坊主にしてしまうんだけど、女の子は必死で逃げ出して、男は警察に捕まえられるの。でもその女の子は男が撮った写真をパソコンで見て、はじめて写真家としての真の情熱と力量を知る、っていう話だったんだよね」と簡単なあらすじを説明して、だいたい30秒くらいでしょう。

感想まで言わなくても、雑談としてどんな映画だったか短く説明するだけでいいのです。

アウトプットというと、何か文化的なもっともらしいことを言おうとする人がいるのですが、自分が得た知識をそのまま外に出すだけでも立派なアウトプットです。

むしろ重要なのは、何を話すかより、短く話すことです。目安は30秒で、30秒を超えると途端に相手は興味を失っていきます。

ここまではっきり言えるのは、人が他人の話に興味を失いはじめる時間を調べたことがあるからです。

調べ方は簡単で、学生が何か発表しているとき、「どのくらい経つとみんな飽きはじめるんだろう?」と、聴衆の様子を観察しながら時間を計るというものです。

100人くらい聞き手がいると、全体の雰囲気や表情を見れば飽きてきたことがわかります。みんなそろそろ飽きてきたな……と感じたタイミングが30秒ほど経ってからでした。

逆に言うと30秒までは、みんな心をオープンにして聞いてくれるのです。それまでに面白い話とは思えなかったら、30秒を過ぎたあたりできつくなりはじめます。

そのあとも、1分までは耐えて聞いてくれる人が多いのですが、2分、3分経つと「もう無理」という感じで、多くの人は気が散りはじめます。

5分が過ぎた頃には、「その話いつまで続くの？」「早く終わってくれないかな」と言わんばかりの、あからさまに退屈そうな顔をする人も出てくるほどです。

ただし、聞き手の人数が少なくなると、話は変わります。

3〜4人くらいまでだと集中力を維持できるので、5分のプレゼンでも聞き続けることはできます。でも単に聞いているだけなのか？　興味を持って聞いてくれているのか？　という違いを考えると、やはり30秒が限界なのです。

くわえて、相手の気をそらさないためには、できれば15秒で言い切ることが理想です。

15秒といえばテレビCMと同じですから、ポイントを一言でプレゼンするようなイメージです。

「そんな短い時間だと何も話せない」と思うかもしれませんが、雑談というのは挨拶プラスアルファ程度のもの。学んだことを何か一言だけでも、そのまま口に出せばいいのです。


心理学者のアドラーの本を読んだあとなら、「アドラーによると劣等感があるのは普通のことで、それが嫉妬や自己嫌悪になって自分でも手に負えなくなる『劣等コンプレックス』が問題なんだそうですね」という具合。これだけで15秒です。

それに対して相手が、「なるほどね。劣等感は持ってもいいけれど、コンプレックスになっちゃいけないんだね」と反応してくれたら、「その２つの違いをはっきりさせて、劣等感を肯定したアドラーってすごいですよね」と返すと、30秒くらいの知的な雑談になります。

イメージとしては、朝井リョウさんのデビュー作『桐島、部活やめるってよ』（集英社）のようなノリで、「アドラーって、劣等感という言葉を広めた人なんだってよ」と伝える感じです。

前者が、「桐島っていう人が部活をやめるって、そんなに重大なことなの？」と気になるように、後者も「アドラーって、そんなすごいことをした心理学者なの？」と、相手の興味を引くことができればよいでしょう。

ちなみに、『桐島、部活やめるってよ』は、肝心の桐島本人が作中に登場しないため、タイトルだけで想像力を働かせながら読むところが、この作品の面白さです。そういうセンスのよさから、朝井リョウさんの作家としての優れた才能を感じます。

この「桐島方式」を使うと、たった一言でアウトプットができるようになります。

別にオチがなくても、話が広がらなくてもいいのです。

関西の人がさんざん話をしたあと、「知らんけど」と言うことがあります。あれも最強の言葉で、いい意味であのくらいの無責任さを見習って、相手の反応を求めすぎないことが気楽な雑談のポイントです。

誰かとエレベーターで一緒になったときや、トイレで一緒になったときの立ち話でもいいので、「桐島方式」や「知らんけど方式」で15秒アウトプットをぜひ試してみてください。

読んだ本のことだけでなく、新聞やニュースはもちろん、マンガ、アニメ、ドラマ、映画の話でも何でもいいのです。自分にとって学びだと思ったことを、息を吸って吐くように毎日誰かに伝えていると習慣になっていきます。

②SNS、ブログで毎日発信する

「たった15秒でも、人に面と向かって話をするのはどうしても苦手……」

「リモートワークがメインで、人と会って話をすることが少ない」

そういう人は、ＳＮＳ、ブログ、チャットで毎日発信しましょう。

もちろん、人と会って話ができる人でも、並行してネット上での発信を続けると、対面と活字両方のアウトプット力が高まります。

ネット上のコミュニケーションに慣れている人は多いですし、ＳＮＳやチャットでやりとりする話し言葉の文章は、みなさんうまくなっていると思います。

口語体の言葉選びのセンスや、文章の面白さに関して言うと、今の時代の人たちの日本語力は非常に高いと感じています。

ＳＮＳやブログを使ったアウトプットのコツは簡単です。

まず、毎日1回、あるいは毎週1回、書く時間を決めます。週1回ブログを書くのであれば、「日曜日に書いてその日の夜10時にアップする」というふうに、時間まで決めるといいでしょう。

毎日であれば、自分が書きやすい時間を決めて日課にします。

書く内容も、一定期間は同じテーマで発信したほうがいちいち迷わなくてすむので、核となるものを決めます。

読んだ本やマンガをはじめとした作品について、あるいは興味を持った作家、芸術家の人物像や功績について、1週間から1ヶ月続けて発信します。

「今月見た映画は、必ずＴｗｉｔｔｅｒにコメントする」

「今月は週1回、画家のフリーダ・カーロについて思ったこと、学んだことをブログに書く」

というふうにジャンルやテーマを決めて発信すると、毎日もしくは毎週、インプットとアウトプットを繰り返すことになるので、学びを深めることができます。

この発信のペースが、月1回になると続かなくなる可能性が高まります。

20年ほど前の話になりますが、私の教え子で教師になった人は、学級通信を週1回発行したら、どのネタを書くか考えすぎて続かなかったと言っていました。

そこで、短くてもいいので毎日学級通信を書くようにしたところ、1日の中で書けることは限定されるので、ネタ選びに悩むこともなく続けることができたそうです。

実際に、彼が書いた学級通信の束を見せてもらったときは、「すごい！　毎日書くとこんなに続けられるんだ。先生のお手紙のような学級通信を、子どもも親も毎日家で読めるなんて素晴らしい！　こういう先生の姿が子どもを変えていくのだろう」と感動しました。

その学校は進学校ではなく、問題行動を起こす子どもも多かったのですが、その先生のクラスは学級通信をはじめてから雰囲気がよくなったそうです。

週1回で続かなければむしろペースを上げて、食事や歯磨きをするのと同じ感覚で毎日発信してみる。

すると、頭でごちゃごちゃ考える前に手が動いて、スムーズに習慣化できるかもしれません。

前述のスティーヴン・キングは、朝決まった時間に、仕事部屋のドアを閉めて、1日2000語を書くと決めています。

それ以上書きたくなっても、逆になかなか書けないときも、必ず一定量を守って毎日書き続けるスタイルを貫いているのです。

翻訳を専門にしている知り合いも、毎日、一定量を一定のペースで機械のように訳すことを決めていると言っていました。

そのときの気分やノリで、訳す量が増えたり減ったりすると、「今日はちょっとキツいな」とすぐ思うようになって、やる気自体がどんどん失われてしまうからです。

ですからアウトプットも、機械になったつもりで淡々と毎日続けることが、習慣化する秘訣なのです。

③独学でメンタルを強くする

日々、学び続けている人間は心が強くなっていきます。心が弱い人間でも、学び続けることでメンタルを鍛えることができるのです。

論語に、「我、仁《じん》を欲すれば、斯《ここ》に仁至る」という言葉があります。

孔子は「仁」が人間最高の徳であると考え、論語にも頻繁に「仁」という言葉が出てきます。そして、「仁」は容易に到達できるものではないけれども、学びに向かうことで徳を積むことができると説いています。

つまり、重要なことは学ぶ内容ではなく、学ぶ姿勢で、人が学んでいるときのメンタルは、前に向かっている状態なのです。

前に進んでいると逆風にも強くなるので、少々、ネガティブなことがあってもダメージを受けにくくなります。

逆に、メンタルが後ろ向きだと、少しうまくいかないことがあっただけで、グラグラ揺れたり、倒れそうになるものです。

自分自身、振り返ってみると、学びによってメンタル面を支えてくれる「味方」が増えたと実感しています。たとえば、フロイトとアドラーを学んで、人の心の仕組みがわかったことで、精神的にかなり強くなったと感じています。

先述した『臨済録』（岩波文庫）もおすすめで、この本を読んだ人はみなさん、臨済のことがきっと好きになると思います。

臨済は、自分の外に仏を求める修行者に向かって、「今わしの面前で説法を聴いているお前こそがそれだ」と言いました。

「仏を探し回らなくても、お前こそが仏なんだ」というこの言葉、ハッとさせられませんか？　臨済を心の味方にすれば、「自分が仏なんだ」と思えるので、確実にメンタルが強くなります。

私自身も、心の中に臨済がいるので、臨済宗のお寺の僧侶のみなさんに『臨済録』の素晴らしさを説いた、今思えば恥ずかしい、不思議な経験があります。

それはまるで、専門家を相手に素人がその専門知識を宣伝するようなものですから、臨済が心の中に入ってくると、そこまでメンタルが強くなるというひとつの例です。

学びでメンタルを鍛えるためには、情熱を注がなければいけません。

走り続けている車や、飛び続けている矢が強いのは、それだけエネルギーがあるからです。学びも加速度をつけなければ、途中でペースダウンしてエンジンが止まってしまいます。

ですから私は、教師を志望して学び続けてきた学生たちに情熱があるかどうか、チェックすることがあります。情熱がない先生は、教わるほうも情熱を持って学ぶことができないので、授業を聞いてもらえなくなるからです。

英語の先生だったら英語の面白さに、数学の先生だったら三平方の定理の面白さに、日々感動していてほしい。教壇に立った瞬間に、その感動を表現できれば、生徒にもその熱量が伝わります。

学びとは感動することなので、心が動く学びを続けていれば、自然と人にもその感動を伝えられるようになるのです。

教師志望で、学びの感動を他人と共有できない学生がいた場合は、本人が「すごいすごすぎる！」と思えるようなカリキュラムに、全部作り直してもらうこともあります。

英語であれば、「関係代名詞ってすごい！　不定詞ものすごく便利ですごすぎる！」といった具合に、感動するポイントを軸に教材を作ってもらうのです。

国語の教師になりたい人なら、夏目漱石の『草枕』で、「すごい！　すごすぎる！」と思えるポイントを3つ挙げてもらいます。

するとその人は、『草枕』を学ぶ意欲に勢いがつき、心が前向きに加速して、自信を持って教えられるようになります。

このように、情熱的な学びが常態化すると、自己肯定感が高まります。

日本人は、自己肯定感が低いと言われていますが、自己肯定というのは、自分も含めたこの世界を肯定するほうが先なのです。

世界を肯定することで、結果的に自分も肯定できるというのが、私が考える正しい順番です。学ぶことがたくさんあるこの世界には価値がある。その価値ある世界は、今生きている「私の世界」でもある。

この世界は、自分の世界なのだ。

そのように価値ある世界を肯定できれば、その中に存在している自分も肯定できるのです。

自己肯定感は自分だけの問題ではなく、世界を見ることで「私」という存在にも価値があることに気づくわけですね。

これはハイデガーが「世界内存在」と定義している考え方で、はじめて学んだとき私は「まさにその通り。いい考え方だな」と思いました。

本当の意味での自己肯定感は、世界が素晴らしいと思えるかどうかにかかっているので、世界の価値あることを学ぶことが大事なのです。

自分の性格や気質についてあれこれ考えるより、世界を作り上げてきた偉大な先人たちに学んで、自分の存在する世界を肯定したほうが早く自己肯定感を高められるのです。

ありエます。

④学び続ければ「やればできる」と思えるようになる

学びでメンタルを鍛えている人は、逆風に強く、前に向かって走り続けるパワーがあります。

さらに、ただ突き進むだけではなく、高い目標に向かっていくためには、不安、悩み、迷いなどのネガティブな感情による「心理的抵抗」を排除する必要があります。

これは、国家資格取得や、トップレベルの大学や大学院入学を目指す際に大いに役立ちます。

特に、自分は普通の人間だと思っている人、今まで自分の才能の限界までチャレンジしたことがない人は、「自分には無理」「どうせやっても無駄になるだけ」といった心理的抵抗が強い傾向があります。

そのブレーキを外すだけで、学びがより楽しくなり、より高いレベルの目標に向かって学び続けることができるようになるでしょう。

「心理的抵抗」をなくすためには、肝に銘じるべきことが2つあります。

1つ目は、頭のいい人と自分を比較せず、自分の能力を決めつけないこと。

２つ目は、じっくり考えたうえで自分が選んだ目標、選んだ教材について、「これでいいのだろうか？」と疑問を持ったり迷ったりしないこと。

何事も挫折しがちな人というのは、この２つの心理的抵抗が原因で、途中であきらめたり、投げ出したりしてしまうのです。

ですから、自分の能力も、目標も、教材も、いったんやると決めたら信じて最後までやりきる。スタート時点で、その覚悟を決めましょう。

次に、学びによって自分が成長することに疑いを持たないようにしましょう。

小説でも、ドイツ語で「ビルドゥングスロマン」と言われる成長小説がまさにそうです。

代表的な作品に、スイスのサナトリウムで療養生活を送る青年の人との出会いと精神的成長を描いたトーマス・マンの『魔の山（上・下）』（新潮文庫他）。貧しい音楽一家に生まれた主人公が、多くの困難にも負けず作曲家として大成していく成長を描いたロマン・ロランの『ジャン・クリストフ１～４』（岩波文庫）。女性との恋に破れて演劇界に飛び込んだ主人公の人生の明暗と人間形成を描いたゲーテの『ヴィルヘルム・マイスターの修業時代』（岩波文庫）などがあります。

このような小説は、教養小説とか自己形成小説とも呼ばれています。教養イコール自己形成なのです。


学ぶことがすなわち成長であれば、昨日より今日の自分は成長しているわけです。成長は目に見えませんが、読んだ本のページ数や、解いた問題の数はわかります。たとえば、『徒然草』をまったく読んだことがない人が、『徒然草』をはじめて手にとって、読んだページに何ヶ所かマーカーを引いてみれば、それだけでも確実にステップアップしていると感じられるはずです。


役に立たないと思えばそれで終わりです。

以前、ある有名人が、「古文漢文はオワコン」とTwitterで発信して話題になっていました。

オワコンと言うなら、もしかしたらそうかもしれません。

しかし、教養としては終わっているどころか、現在、流布している情報よりよほど価値が高いのです。

たとえば、世界最古の長編恋愛小説『源氏物語』をしのぐ恋愛小説はなかなかなく、『徒然草』のように、先人の智恵が詰まったエッセイも他に多くはありません。『史記』や『三国志演義』に至っては古くなるどころか、いつの時代も経営者やビジネスパーソンに読み継がれ、どちらもゲームなどにもなり、若い世代にも浸透しています。

そのように時代を超えて風雪に耐えて残ってきたものが、古文漢文を含めた古典と言われるもので、これ以上すごい本は書けないと高く評価され続けてきたわけです。

ですから、周りからたとえ「オワコン」と言われようとも、古典を読むと決めたら最後まで読み切ったほうが、「オワコン」と言っている人たちより教養が高くなるのは間違いありません。

古典は、難しい、面倒くさい、長いなどの理由で「心理的抵抗」のブレーキがかかりやすいかもしれませんが、自分にも読めると思えば読めないことはないのです。

そして、何か1冊読み切るとそれが突破口になって、「やればできる」と自信を持てるようになります。

学び続ける醍醐味は、まさにそこにあります。

わかること、できることが次々に増えていくと、より高い目標に向かってチャレンジするパワーがみなぎってくるのです。

第5章

4つの独学パターンで人生のステージを上げる

①人のリクエストに応えてキャリアアップする

２００１年９月に発売された『声に出して読みたい日本語』（草思社）がベストセラーになってから、私のもとにはさまざまな依頼が舞い込むようになりました。

この本は、私が研究していた身体論をベースにした学習法だったのですが、タイトルの影響か依頼されたテーマは日本語関係のものが多かったのです。

もちろん、読書は好きで何千冊も本を読んでいましたし、その前に『身体感覚を取り戻す 腰・ハラ文化の再生』（ＮＨＫブックス）という本も書いていたので、日本文化の知識は多いほうだったと思います。

しかし、日本語研究者ではなかったので、言葉の語源や用法についての解説を求められたときは、研究者の領域まで踏み込んで勉強してきました。

野球にたとえるなら、来る球、来る球を、１球１球、打ち返すようにリクエストに応えてきたのです。

するとそのあと日本語がブームとなり、２００３年からＮＨＫのＥテレ『にほんごであそぼ』の総合指導も担当することになりました。

たとえば、『徒然草』冒頭の、「つれづれなるままに、日暮らし、硯に向かいて……」は、「日暮らし（ひぐらし）」なのか、「日暮らし（ひくらし）」なのか？　といった問題について調べることを、もう20年ほど続けているわけです。

そのように日本語の勉強を5年、10年と続けているうちに高いレベルの知識を身につけることができました。

私のように、自分が意図しなかった偶然のチャンスを活用して、新たな学びをものにすれば、想像もしなかった広い世界が見えてきます。

自分の好きなことだけをやっていたら、上のステージにいくことはできなかったでしょう。

以前、『齋藤孝と考える医師のコミュニケーション力』（メディカルレビュー社）という本の依頼があったときは、「医師ではない私に果たして書けるだろうか？」と一瞬悩みました。

しかし、お医者さんとは患者としてやりとりした経験があり、コミュニケーションの技術の知識があります。

そこで、その2つをリンクさせることで、医師の「質問力」「伝達力」「雑談力」「コミュニケーションの型」についてまとめることができました。


私は、お医者さんの知り合いが多いので、現場の実情をヒアリングして問題点をたくさん拾い集めることができました。

その1つひとつに、自分が持っているコミュニケーション技術の知識を組み合わせて、オリジナリティのある解決策を提案したのです。

この「提案する」という立場のポジションについたことがポイントで、指導やアドバイスではありません。


提案というのは、たとえば、患者さんに渡すプリントの重要なポイントに丸をつけましょう、3色ボールペンを使いましょう、診察の合間に軽くジャンプをして気分を入れ替えてみましょう、といったものです。

その本を読むお医者さんは、経験豊富なわけですから、私が提案したアイデアの中から、自分に必要だと思ったことだけ実践していただければいいのです。

本が出たあと、お医者さんと何人か対談したのですが、私が提案したことがコミュニケーションのベースになっているという感想もいただきました。

人からのリクエストには、「え？　なんで自分が？」と思う依頼もあります。たとえば、「田中角栄で1冊作りませんか？」という依頼も意外でしたが、もちろん引き受けました。

田中角栄の話し方の魅力を、言葉と身体性の2つの視点で引き出したのです。

そのとき、「政治は自分の専門じゃない」とか、「田中角栄のことはよく知らない、わからない」といった理由で断ってしまうと、新しい学びのチャンスを逃がしてしまいます。

飛行機は逆風で浮力が大きくなるのと同じで、人間にも時には逆風が必要なのです。

「自分が得意なこと以外はムリ」と決めつけるのではなく、人から求められたときが学びのチャンスととらえれば、可能性はどんどん広がっていくのです。

人のリクエストに応える学びは、あなたの身近にもたくさんあるはずです。

不動産関係の仕事であれば、「宅地建物取引士の資格を取ってくださいね」と言われるでしょう。

仕事に必要な資格は、自分にとってやる気が出ないものでも、会社から求められたらラッキーと思って試験を受けたほうがいいです。

中には、資格取得のための受験料を負担してくれる会社もありますから、取得できるものは早めに取得したほうが、自分のメリットにもなるからです。


本が作りたくて出版社に入った知り合いの編集者は、ヒット作を何冊も出したあと資材部に異動になりました。

資材部の仕事はつまらなそう、と思う人がいるかもしれません。

ところが、その編集者は資材部で紙の担当をすることになり、世の中に流通している紙のことを徹底的に調べて、「資材部はすごく勉強になります！」と言っていました。

こういう人は、知らないことを勉強させてもらえるのはラッキーだと思って、どこへ行っても勉強してすぐ仕事を覚えるでしょうし、どんなことからも何かを学んでいくと思います。

そのように、自分の希望とは関係なく、いろいろな学びのチャンスを与えられることが、会社勤めの最大のメリットなのです。

②「代理力」と「見よう見真似」でキャリアアップする

偉人の中には、人の代わりに働いて仕事を覚えた人もいます。

アンドリュー・カーネギーは、貧しい移民の子から全米の鉄鋼王になったあと、カーネギー・ホールをはじめとした文化施設や平和機関を設立し、慈善事業家として第2の人生を送った成功者です。

『カーネギー自伝』（中公文庫）が面白いのでぜひ読んでいただきたいのですが、彼はもともとごく普通の子どもでした。

ところが、電信局で電報配達の仕事をしながら、モールス信号を耳で聞き分ける特技を身につけて電信技手になると、鉄道会社に引き抜かれて転職。

その後、失敗もしますが、先輩が休んだときに代理で仕事の穴埋めをするなどして、周りの信用を得ていきます。

やがて自分を引き抜いてくれた人が鉄道会社の副社長に昇進すると、カーネギーがその人の代理で現場責任者になりました。

このようにカーネギーは、誰かが休んだり、昇進したタイミングで、自分が代わりにその役目を担うことで、ステップアップしていったのです。

「代理力」とも言えるこの才能で、いざとなったらどんな仕事でもできるように勉強しながら、鉄鋼王にのし上がっていったわけです。


演劇の世界に置き換えると、病気やケガで舞台に立てなくなった主役の代役を立てるとき、真っ先に手を挙げた脇役の人が、主役の座を勝ち取るようなものです。

当然、台詞も演技も覚えなければ代役は務まりませんから、いざとなったら自分でも演じられるように、日頃から先輩たちの役作りを観察して、学んで真似て、準備をしておく必要があります。

カーネギーも、日頃から先輩たちの仕事を見よう見真似で覚えるほど、勤勉な努力家だったので、「代理力」で実力を発揮することができたのでしょう。

私の友人に、ビリーさんというイラン人がいます。ビリーさんは、日本に来て３ヶ月で日本語と仕事を覚えていました。

私が「すごいね！　日本語はいつ勉強したの？」と聞いたら、「日本に来る３ヶ月前から」とのこと。

３ヶ月だけ日本語を勉強して、日本ですぐ仕事を覚えて、自分で部屋を借りられるほど自立できるなんて、「どれほど優秀な人なのだろう？」と思いますよね。

私はビリーさんのことがもっと知りたくなって、「仕事や日本語はどうやって覚えたの？」と聞いてみました。

すると、「全部、真似するんだよ」とビリーさん。

レストランの皿洗いの仕事からはじめて、皿洗いはすぐできるようになった。

だけど、皿洗いだけやっても時給が上がらないから、他の人の仕事を見て覚えた。

特にサラダの作り方をよく見て、真似して、仕事が終わったあとに自分でも練習したら上手になった。

ある日、「自分が作るサラダをちょっと見ててください」と言って、みんなの前でサラダを作って見せたら、「ビリーさん、サラダ作りすごく早いじゃん！」と褒めてもらえた。

それからサラダ作りはビリーさんが担当することになり、時給も上がったそうなのです。

日本語も語学学校には行かずに、全部、真似して覚えたと言っていました。私とも日本語でしゃべりますから、「真似するだけでこんなに上達できるんだ」と思ったものです。

ブレイクダンスも真似して覚えたと言って見せてくれたのですが、ものすごく上手で、私にも教えてくれました。

自分の趣味や喜びのためだから、お金を使ってわざわざ学校に行かなくても、見て真似すれば覚えられるし、できるようになる。

そういう考え方のビリーさんから、「学ぶってこういうことなのか」と多くのことを教わりました。

最初から、人に教えてもらうつもりの受け身の人と、見よう見真似で主体的に実践して学ぶ人とでは、成長の速さにも得られる成果にも大きな差がつくことを、ビリーさんから学びました。

私も、見よう見真似で学んだ経験がまったくないわけではありません。

たとえば以前、英国ロイヤルナショナルシアター主催のワークショップに参加したときのことです。

日本でそのワークショップを行う教師のためのワークショップで、英語での授業だったのですが、身体技法がテーマだったので英語がそれほど得意でなくても理解できる内容でした。

全部で3日間の講習プログラムだったのですが、私は1日の講習が終わるごとに、友人相手に自分が先生になって同じセミナーを再現したのです。

自分が生徒として参加したセミナーを、その日のうちに先生役になって同じように人に教えたわけです。

もちろん、ロイヤルナショナルシアター独自の理論や実技の深いところまでは、付け焼き刃では理解できないので教えられませんが、ワークショップの段取りと進行、簡単なアドバイスだったらできるのです。

実際に、その講習会を受けたあとに模擬授業をやって見せたので、今でも同じワークショップが再現できるほど内容をよく覚えています。

その、「自分でもやってみよう」という気持ちが何よりも大事なのです。あとは、見て覚えたら熱が冷めないうちに、すぐ真似ること。

ワークショップも、自分が授業を受けたその日のうちに先生の真似をしたから、早く覚えられたのだと思います。

あなたも今日から、「見よう見真似で学ぶ」ことを意識してみてはいかがでしょうか。

③勉強と趣味は同じだと思って楽しむ

芸能界には、勉強を趣味のように楽しんでいる人がたくさんいます。

ビートたけしさんも、いつも何か学んでいて、先日お会いしたときは、「今、ピアノやってるんだよ～」とおっしゃっていました。

番組収録中もテレビＣＭの間は、テーブルの上でピアノを弾く練習をされていました。

あるときは、織田信長の本能寺の変あたりのことをいろいろ調べているという話もされていました。

「書きながら調べていくとなかなか面白いんだよ」と、勉強していることを教えてくれることもよくあります。

年齢的には70代ですが、知らないことを学んだり、覚えることがいかにも楽しそうで、それを映画や小説にも生かしてアウトプットしているところもすごいと思います。

高校時代からラジオ番組『オールナイトニッポン』を聴いていて、パーソナリティの１人だった所ジョージさんのファンになった私は、『所さんのニッポンの出番』という教養バラエティ番組で、所さんの勉強熱心な一面を知ってますますファンになりました。

所さんは、車やバイク、モデルガン、プラモデルなど多趣味な生活を楽しんでいる自由人というイメージが定着しています。

実際にお話ししてみると、番組で取り上げた内容について、所さんはすでに知っていて詳しかったことも多いのですが、収録中は絶対に知識をひけらかさないのです。所さんにとって勉強は、自分が楽しむものであって、他人に自慢したり、仕事に生かすためのものではないのですね。

たとえば、江戸時代に印籠、巾着、煙草入れなどの留め具として使われていた、根付という伝統工芸品があります。

所さんは、趣味で根付を集めているだけでなく、根付そのものについてもとても詳しく、陶磁器の破損を修復する金継ぎの技術も身につけているとおっしゃっていました。

自分が興味を持ったことは、知りたい、学びたい、覚えたいといった純粋な好奇心から積極的に関わって、納得できるまで調べたり、技術を身につけたりしているのです。

損得勘定などまったくない、好きなことへ突き進むその姿勢が、所さんの好感度や人気の高さにつながっているのでしょう。

所さんは、趣味と勉強が一体化しているので、何かについて学んでいるときに勉強だと思ったことはきっとないと思います。

それは、たけしさんも同じで、好きなことを好きなだけで終わらせず、知識でも技術でも何かしら学んで自分のものにしていくので、世界がどんどん広がっていくのです。

『にほんごであそぼ』で「みわサン」として出演していた美輪明宏さんも、新しいことに出会い、より深く知るために、よく勉強をされています。

番組の会議でよくご一緒したのですが、「最近こういうものを見てね」「今こういうものが流行ってるみたいでね」といろいろ教えてくださって、最新の話題に強いのです。

もちろん、三島由紀夫や川端康成とも付き合いがあった方ですから、文豪たちとの交遊の話もとても面白くて勉強になります。

そのように、古いものと新しいもの、そして多くの出会いからさまざまな領域の知識を吸収して、総合芸術である舞台に結実させているのだと思います。

人との出会いから学んでいるという意味では、黒柳徹子さんもまさにそうです。長寿番組『徹子の部屋』に二度ほど出演させていただいたのですが、びっくりしたのは、ゲストのことを事前にものすごく詳しく調べていて、サインペンで書いたメモをテーブルの上にずらっと並べて話をされます。

視聴者としてただ見ているだけだと、自由奔放に軽快なトークをしているように感じるかもしれませんが、事前の下調べという意味での勉強量がものすごいのです。

とはいえ、黒柳さんご自身は、もはや勉強とは思っておらず、単純に人と会って楽しくおしゃべりしたいという気持ちの延長線でやっているのでしょう。

芸能界のような競争の激しい世界で、長年、安定的に活躍している成功者をこうして見てみると、みなさん好奇心と向上心が強いだけでなく、勉強を勉強と思っていない方がほとんどです。

気になったことはすぐ調べて、自分の気がすむまで学び続けることが当たり前になっているのです。

勉強は、「するべき」ものでも「しなければならない」ものでもなく、気がつけば「してしまっている」もの。そのくらい日常の習慣になれば、あなたも勉強を楽しめるようになるかもしれません。

④魂を込めて本を1冊書いてみる

独学を究める手段として、私が一度はチャレンジする価値があると思っているのは、本を1冊書くことです。

とはいえ、言うは易く行うは難しで、本を書くことは容易ではありません。

でも、だからこそ本気で取り組んで1冊書き終えたときの達成感は感慨深く、「自分もやればできるんだ」と思えて自信につながります。

私がはじめて書いたのは『宮沢賢治という身体――生のスタイル論へ』（世織書房）という本で、大学院時代に研究していた宮沢賢治の論文をベースにしたものでした。

大学時代に宮沢賢治をテーマとするゼミに入っていて、宮沢賢治の全集を読んだことがあったので、大学院で研究していた身体論と、地水火風の四大元素の創造力をつなげて、宮沢賢治の作品世界に当てはめてみることを試みたのです。

それまで数多くの本を読んできた中で、この組み合わせこそ自分が追究してきたテーマにピッタリだと思ったのです。

しかし、論文はフォーマットがあって書き方も指導教官から習いますが、本の書き方はあまり教えてくれません。また、本は論文よりも相当量が多いので、陸上競技にたとえると、1万メートルとフルマラソンくらい使う体力に差があります。

実際、論文は400字詰め原稿用紙で40〜50枚程度ですが、本は少なくともその4〜5倍の原稿量が必要です。

丸1冊分、走りきって書くだけの体力がどのくらい必要か考えると、よっぽど自分が興味関心あるテーマで情熱を注げるものでないと走りきれないでしょう。

私の場合、宮沢賢治と身体性がテーマならいくらでも情熱を注げると思い、なんとか1冊走りきりました。

執筆中は、自分を丸ごと原稿の中に投げ込んでいくような感覚があります。

本は著者の人格の投影なのです。

自分の影を映すと言うよりは、自分自身の魂を投げ込むようなイメージでしょうか。

とにもかくにも、宮沢賢治の身体性について考えているときの気持ちの高ぶりを活字で書く、気持ちが高まっている部分をひたすら書く、という作業の繰り返しで、情熱は常にハイレベルを維持していました。

そういう意味で本を書く作業は、フルマラソンであり、１人駅伝でもあります。

１章書くごとにひとつの区間を走りきり、また次の区間へ足を進めるような感覚です。

そのため、どの区間でどういう走りをするか、あらかじめ計画性を持って進めなければ、途中で迷路に入り込んだり、リタイアすることになりかねません。

文章を書き進める作業は、絵本の『三匹の子豚』に出てくるレンガの家を造るのにも似ています。

すぐに吹き飛ばされるような家を建てても意味がありませんから、1つひとつの文章を書くごとにレンガを積み上げて、頑丈な家を建てていくような感じです。

「千里の道も一歩から」というように、最初の1歩目を踏み出すことが大事ですが、全体が見えていると1歩目も踏み出しやすくなります。

ゲーテも、小さいものから積み上げていって、そのあとで大きなテーマにチャレンジしたほうがいいと書いています。

あなたが今まで学んできたことで、そこまで情熱を注げるテーマがあるでしょうか？

もしあるとしたら、思い切って1冊本を書いてみると、独学の成果をひとつの形にして可視化することができます。

出版できるかどうかは二の次です。アゴタ・クリストフの『悪童日記』もはじめは出版を断られたくらいです。書くことに意味があります。

私の場合、『宮沢賢治という身体』から続く『身体感覚を取り戻す　腰・ハラ文化の再生』が、自分が学び続けて追究してきたことの、ひとつの集大成となりました。

人間にとっては、基本的には身体が偉大な理性であり、知性であり、身体がその人の多くを決めています。もちろん、言葉にも、声にも身体性がある。

そのため、身体を基盤にして考えなければ、人間を理解することはできません。

この考えを本にまとめたことで、私自身の人間としての基盤もできたと思っています。

本は人格です。

あなたも、魂を込めて本を1冊書くと、自分という人間が見えてくるはずです。

第6章

一生ものの教養を身につける10のテーマ

①「世界史」で現代を理解する

世界史は、教養の土台です。

人類の営みを知り、社会の成り立ちを知ることは、現代を理解することであり、ひいては自分のアイデンティティを知ることにもつながるからです。

今起きているニュースも、歴史を知ることでその背景がわかります。

コップの中だけ覗《のぞ》き込んでいたような近視眼的なモノの見方が、世界史を学ぶことで海を見渡すように視野が広がり、複眼的になります。

つまり、世界史の知識があるかないかで、世の中の見方が変わるのです。

学校で習ったことはほとんど忘れてしまい、大人の学び直しには何からはじめればいいかわからない人も多いようです。世界史は大人の勉強にピッタリです。

世界史の学び直しに適した教材として、私が一推ししたいのは、『山川　詳説世界史図録　第4版』と『アナウンサーが読む　聞く教科書　山川詳説世界史』（いずれも山川出版社）です。

図録は大判で全ページカラー。写真、図版、年表などが多用されていて、図鑑を眺めているような感覚で、目で見て楽しみながら、世界の歴史の流れを理解できます。

山川出版社は歴史の教科書を作っている出版社ですから、確かな情報と豊富な資料が充実している内容です。それなのに、税込みで946円（2023年7月時点）で買えるのもありがたいですよね。

アナウンサーが朗読しているCD―ROM付の朗読版は、スマホにダウンロードして通勤中に聴くこともできるので、スキマ時間の有効活用にピッタリです。

歴史の流れをインターネットで検索して調べようとすると気が遠くなりそうですが、コンパクトでわかりやすいこの本が1冊あれば、基本は押さえられるでしょう。


本は時系列で構成されていて、古代から現代まで4部構成になっています。

それ以外に、「特集」「同時代の世界」「地域の視点」という全体共通テーマの企画ページも盛り込まれています。

特集のひとつ「病気の世界史」では、天然痘、ペスト、マラリア、チフス、コレラ、梅毒、結核、インフルエンザまで、人類が感染症と闘ってきた歴史が、写真や図版を通してリアルに伝わってきます。

もともと高校生向けに編集された教科書ですから、学生時代に使っていた人もいるかもしれません。受験勉強のときにはわからなかったかもしれませんが、社会人になってから読み直すと、この本に詰まっている情報が質量ともにいかに高いレベルかわかると思います。

マンガが好きな人は、学習マンガで歴史の大きな流れをつかむと、頭に入りやすいでしょう。歴史は日々刻々と変わっていきますので、学習マンガは、できるだけ新しいものをおすすめします。

KADOKAWAから出ている『角川まんが学習シリーズ　世界の歴史』は、東大の名誉教授が監修していて、新型コロナウイルス感染症の話題など最新の内容が盛り込まれています。

マンガのレベルも高くて、ストーリーも史実の内容もかなり詳しく描かれているので、読み応えたっぷりです（同シリーズの『日本の歴史』も充実しています）。

「活字でじっくり読みながら世界史の理解を深めたい」という人は、マクニールの

「世界史」を完訳した『世界史（上・下）』（中公文庫）、出口治明さんの『全世界史（上・下）』（新潮文庫）など定評がある本で、世界史を概観してみるといいと思います。

その中で特に興味を持った時代、地域、テーマがあれば、たとえばイスラム世界なら、『中東全史─イスラーム世界の二千年』（ちくま学芸文庫）、世界的な格差に興味を持ったら『銃・病原菌・鉄　一万三〇〇〇年にわたる人類史の謎（上・下）』（草思社文庫）というように、絞り込んで読み進めていきます。

私は、大学受験の科目で世界史を選択したので、10代のうちに世界史の知識を身につけて本当によかったと思っています。

中東はなぜこんなにも争いが続いているのか？　欧米が世界で優位に立っているのはなぜだろう？　という疑問も、世界史を知っているとその背景がわかります。

現代を理解するための必須科目は、やはり世界史なのです。

ただ、世界史というと、政治の歴史にばかり興味を持つ人が多いのですが、私は文化史もとても重要だと思っています。

文化とは、人間の精神的活動から生み出されたもので、学問、芸術、宗教、風俗・

風習、衣食住すべてを意味します。

国ごと、地域ごとの文化を意識して世界史を学ぶと、人類は知的営みによって発展してきたことがわかり、歴史の理解が一段と深まります。

そうした文化史を知ることも大切な教養で、新しい時代を切り拓いていくうえで必要となるのです。

②「日本史」で日本人のアイデンティティを知る

日本史の面白さは、ひと言でいうなら、細かいところまで日本人のアイデンティティに関わる学問であることです。

アイデンティティという言葉は、自己同一性などと訳されますが、自分は自分であると自己定義する、いわば存在証明のこと。

国、組織、社会などへの帰属意識も関係しています。

日本史も、『山川　詳説日本史図録』で写真や図版を見て、資料から全体をつかむとわかりやすいのは世界史と同じです。

そのうえで、歴史上の人物で面白そうな人がいたら、その人物を描いた本やドラマから歴史の世界に入ってみるといいでしょう。

日本の歴史上もっとも有名な人物といえば、織田信長、豊臣秀吉、徳川家康ですが、彼らのことを知れば知るほど、日本人のアイデンティティについて考えさせられます。

私は、京都の東山にある豊臣秀吉を祀《まつ》る豊国神社に参拝したとき、その怖ろしい歴史に改めて触れて驚きました。

隣の方広寺には、秀吉の息子の秀頼が亡き父のために作った鐘があり、その鐘には国家の安泰を願った「国家安康」と、君主も臣下も豊かで楽しくあるようにとの意味の「君臣豊楽」の銘文が刻まれています。

江戸時代、この2つの文字を見た徳川家康が、「国家安康」は家康を分断する願いを込めた言葉で、「君臣豊楽」は豊臣家の幸福を祈念する言葉だと勝手に解釈して激怒し、豊臣家を滅ぼすために大坂冬の陣へ向かっていったのです。

結局、翌年の大坂夏の陣で豊臣家が滅亡したあと、鐘は徳川家にとって呪《のろ》いの鐘とされ雨ざらしのまま放置されていました。

しかし、明治維新によって江戸幕府が倒されたあと、明治天皇が豊臣秀吉の功績を称えて、明治13年（1880年）に現在の場所に再建されたわけです。

この話から、徳川家康が厳しい性格であることがわかりますが、一方で、家康が江戸と京都を往き来するため整備した東海道五十三次を歩いてみると、また違った一面が見えてくるのです。

私は静岡生まれで、実家の前も東海道だったので馴染《なじ》みがあったのですが、「なんでこんなところに道を作ったんだろう?」と思って旧東海道を歩いてみると、今はなき駿府城と富士山が一望できたであろう素晴らしい場所があったりして、「だからこの道なんだな」と納得するわけです。

そのように風光明媚《ふうこうめいび》な数々の景色に出会える東海道は、江戸と京都の間を楽しく旅しながら日本の美しさを再認識できる道なのですね。

歌川広重も、東海道から見える景色の浮世絵をたくさん描いて、世界的にも人気です。徳川家康に、そのような繊細な心があったことを知ると、また見方が変わってきます。

そして、日本人とは何か、考えさせられるのです。

日本史は、英雄たちがなぜそのような決断をしたのか、さまざまな解釈ができるところも魅力です。

たとえば、本能寺の変でなぜ織田家重臣の明智光秀が織田信長を討ったのか？　という謎については、今でもドラマ、映画、小説などでさまざまな角度から描かれています。

ＮＨＫ大河ドラマの『麒麟がくる』も謎の多い明智光秀が主人公でしたが、史実にもとづいたうえで非常に細かく人物像を描き出していて話題になりました。

日本史が好きな人は、大河ドラマから入る人も多いので、毎週日曜日の夜は大河ドラマの時間と決めてもいいと思います。

私は、『英雄たちの選択』というＮＨＫの番組に2回ほど出たことがありまして、歴史を動かした人たちの葛藤と決断の真相に迫る内容を、とても面白いと感じました。

歴史上の人物が崖っぷちに立たされたとき、どのように心が動いたのか？　他の選択肢はなかったのか？　自分だったらどうするだろうか？

そんなことを考えながら本を読んだり、ドラマを見ると、臨場感を持って楽しむことができます。自分の仕事や人生で役に立つヒントが見つかるかもしれません。

世界史と違って日本史は、国内のいたるところに史跡があるので、簡単に見に行くことができるのも楽しいものです。

京都の二条城に行くと、「ここであの大政奉還が行われたのか……」と、しみじみと当時の様子を想像してしまいます。

紫式部の墓をはじめて見に行ったときはこんもり土が盛られていて、「ここにあの紫式部が……」と、『源氏物語』を読んできた身としては非常に大きな感慨を覚えたものです。

歴史上の人物は、遠い世界の人だと思っている人もいるかもしれませんが、実際に史跡を訪ねて、見て触れて感じてみると、決してそんなことはありません。

ですから、もし興味を持った歴史上の人物や出来事があれば、旅行気分でその史跡に足を運んでみるとまた違った学びがあると思います。

③「文学」で人間を知る

朝から晩までスマホ、タブレット、パソコンばかり見ていて、SNS、ゲーム、動画に多くの時間を割いている人は、「なんで活字だけの難しい本を読む必要があるの？」と思うかもしれません。

そういう人には、確信を持って伝えたいのですが、最高峰の文学を読むと人生に対して肯定的になれるのです。

人間とは何か？

人生って何だろう？

生きることにどんな意味があるのだろうか？

一度でもこう思ったことがある人には、ぜひシェイクスピア全集を読んでいただきたい。

坪内逍遙が訳したシェイクスピアの戯曲を収録した『ザ・シェークスピア　完全新版』（第三書館）は、日本語訳と同じページに英語の原文が表示されている対訳本でおすすめです（ただし字は小さいです）。

シェイクスピアの魅力のひとつは、綺麗事《きれいごと》ばかりではない人間の本質、人生の真理に迫る名言至言が、たくさん出てくるところです。

本を1冊すべて読み通せない人は、気になる台詞だけマーカーで線を引きながら読むだけでも多くの学びがあるでしょう。

シェイクスピアの悲劇『ハムレット』に出てくるハムレットの台詞。

「この世の関節がはずれてしまった」
（The time is out of joint.）
「あとは、沈黙」
（The rest is silence.）

『マクベス』に出てくる、マクベスに父親を殺されたマルカムの台詞。

「どんなに長くとも夜は必ず明ける」
（The night is long that never finds the day.）

これらの有名な台詞は、あなたもどこかで見聞きしたことがあるのではないでしょうか？　今でも、どこかで誰かが口にしている言葉には、400年以上も前にシェイクスピアが描いた作品に影響されているものが多いのです。

人間の奥深くにある、激しくも豊かな感情を、洗練された言葉で表現したシェイクスピアの世界は、私たちにカタルシスをもたらしてくれます。同時に、自分がこの世に生まれ落ちたことの意味に向き合い、多くの教訓を得られる。その体験によって、自分が今ここに在ることが、人生が、祝福されたものとなると私は思うのです。

人間を深く描き出しているという意味では、ドストエフスキーの作品も同じです。ドストエフスキーの作品には卑屈で傲慢かつ強烈なキャラクターの登場人物が多く、はじめて読む人には刺激が強すぎるかもしれませんが、文学の最高峰としてシェイクスピアと同じくらい世界的に高く評価されている大文豪です。

ワンテーマ月間の自学自習法でも紹介しましたが、初心者にはドストエフスキーが24歳のときに書いて、一躍脚光を浴びるきっかけとなった『貧しき人々』がいいかもしれません。

手紙をやりとりする主人公の初老の男性と少女の他にも、この作品に登場するのは貧しい人たちばかりです。

しかし彼らは純粋な心を失わず、不幸のどん底でも必死に生きて、非情で理不尽な運命に耐えながらも、わずかな喜びを分かち合います。

物語自体に救いはないけれども、ドストエフスキーが貧しき人々に寄せる温かい眼差しに光を感じる不思議な作品です。

この作品を読んだドストエフスキーの友人は、「君はこの作品で何をしでかしたかわかっているのか！」と、感動のあまり興奮して語ったという逸話もあるほどです。

反対に、人間の暗部のドロドロした部分をえぐり出していて比較的読みやすいドストエフスキーの作品は『地下室の手記』です。

この作品の主人公は、自意識過剰で、被害者意識が強く、卑屈でひねくれている下級官史です。突然、遺産が転がり込んだこの男は仕事を辞め、暗い地下室に引きこもり、世の中に対する呪詛《じゅそ》を吐きます。

自分は病んだ人間で、いじわるな悪い人間だと、冒頭から自虐的な一節ではじまりますが、その原因は肝臓が悪いからだと思い込み、しかし、医者には診《み》てもらいたくはないと言い放ちます。

それから延々と、自分がいかにダメな人間か独白を続けるわけですが、その自尊心の低さと表裏一体の病的な自己愛、孤独の中で自意識が肥大していく様子は、私たち現代人にも通じるところが多く、まったく古さを感じさせません。

村上春樹さんは、ドストエフスキーのように、さまざまな世界観、さまざまな人間の視点を組み合わせる「総合小説」を書きたいのだそうです。

これはいわば、人間の精神文化で、文豪たちはいつの時代も変わらない人間の精神文化を文学の形で表現してきたのです。

喜怒哀楽の感情が生まれる「個人の心」も大切ですが、人は1人では生きていけません。社会の一員である人間たちの精神文化の中で生きているのです。

精神文化は、読書によって掘り起こすことができます。読書によって、精神文化を共有している人たちとのつながりを感じられます。

そのためにもっとも適しているのが文学で、文学を読むことで私たちは1人ではないことを実感できるのです。

④現代社会を知る手がかりとして「政治経済」を学ぶ

政治について語り、経済について語れることは、大人の素養です。教養というほどのものでもなく、政治経済で成り立っている社会の一員として当たり前に知っておくべきことなのです。

ところが、学生時代に学んだままそれっきりになっている人が多い。学生時代に勉強したことを忘れてしまって、政治経済のからくりを知らないまま社会人として生きている人もいるのではないでしょうか。

お金の問題も、生活の問題も、すべて政治経済を抜きに考えることはできませんが、あまりにも無関心な人が多いように感じます。

政治経済の学問には、現代社会を知る手がかりがたくさん詰まっています。逆に言うと、現代社会の仕組みや成り立ちを理解するためには、政治経済を学ばなければなりません。

現代社会は、あなたが今生きている社会のことですから、政治経済を学べば学ぶほど、日々の仕事や生活に生かすことができるということです。

「毎日、真面目に働いているのに、なぜいつまで経っても楽になれないんだろう?」
「お金持ちはどんどん豊かになって、貧乏人はますます貧しくなるって理不尽」
「新型コロナウイルスの影響で社会が混乱したときの政府の対策は、まったく当てにならなかった」

こんな疑問や不満は、どんな人にも多少なりともあるはずです。

それこそが政治経済に直結する問題。別に難しく考えることはありません。

政治経済の基本を押さえるなら、やはり高校時代に使った教科書や、大学受験用の教材がわかりやすいです。参考書や資料集でもいいので、最新の事例や具体的な情報があるものを選びましょう。

世界史、日本史のところでも述べましたが、高校生向けの教材は非常にレベルが高く、情報も正確で信頼できます。そのような教材で基礎知識を学びながら、毎日、新聞を読むことをおすすめします。

新聞を読むだけでも、政治経済の知識は身につきますが、「そもそも日本や欧米をはじめとした資本主義と、社会主義・共産主義は何が違うのか?」といった基本的なことは、自分から学び直しをしなければ誰も教えてはくれません。

教材で基本的な知識を学んだら、経済であれば、マルクス、ケインズ、ハイエクの経済学の本を読み比べてみてください。

マルクスの『資本論』は難しいイメージがあるかもしれませんが、わかりやすく訳されている本もたくさん出ていますし、マンガ版もありますから、自分に合った読みやすいものを選べば理解できると思います。

大きな政府を支持したケインズは、資本主義に社会主義的な計画経済を導入し、小さな政府を支持して自由主義経済を標榜《ひょうぼう》したハイエクと対立していました。両者を比較して解説した新書もいくつか出ています。

政治とは何かを知るうえで外せないのは、『リンカーン演説集』、ガンジーの『真の独立への道』、『ナポレオン言行録』（すべて岩波文庫）、キング牧師の『自由への大いなる歩み』（岩波新書）、『チャーチル』（中公新書）などでしょう。

歴史を動かした政治家たちの言葉そのものに触れる学び方が王道です。

マックス・ウェーバーの『職業としての政治』（岩波文庫）も、政治とはどういうものなのか職業倫理にもとづいて書かれた、非常に力の入った本です。にもかかわらず、とても薄くて読みやすい本なので、スキマ時間でもすぐ読めると思います。

政治家たちの回顧録も面白くて、学びが多いものがたくさんあります。

ニクソン大統領の回顧録『指導者とは』（文藝春秋）には、ニクソンがじかに交渉し、親交を結んだ同時代のリーダーたちがたくさん登場します。英国首相のチャーチル、仏大統領のド・ゴール、マッカーサー、周恩来、吉田茂など、世界の指導者たちの素顔に触れながら、ニクソンが導き出す「リーダーの条件」は、今読んでも新鮮で学ぶべき点が多い本です。

リーダーの言葉、回顧録の他にも、興味関心のあるテーマの関連書籍を読むと、より深く学べます。

外交の歴史を知りたいなら、「日本外交の祖」と呼ばれている陸奥宗光の『新訂 蹇《けん》蹇録《けんろく》―日清戦争外交秘録』。この本を読むと、不平等条約の改正（治外法権の撤廃）に成功し、日清戦争の難局を打破した陸奥の活躍ぶりがよくわかります。

日本の政治経済を学ぶうえで、最優先で読んでおきたいのは、令和6年から1万円のお札に肖像が印刷される渋沢栄一です。

世界で経済格差の問題が深刻化する中、資本主義を維持しながら、倫理観を重視した節度ある経済活動の必要性が求められる時代になりました。

「日本の資本主義の父」と呼ばれる渋沢は、はるか昔にその問題意識を持ち、金儲《かねもう》け一辺倒ではない、節度と品性のある資本主義を目指した実業家です。

渋沢の代表的な作品『論語と算盤』は大正5年に出版された本ですが、渋沢の生涯を描いたNHK大河ドラマ『青天を衝け』の影響もあり、現代語訳を中心にベストセラーになりました。

渋沢を知るエピソードのひとつに、次のようなものがあります。

渋沢が政治家を辞めて、実業家に転身した際、ある友人から次のように言われます。

「君も遠からず長官になれる、大臣になれる、お互に官にあって国家の為に尽すべき身だ、然るに賤《いや》しむべき金銭に眼が眩《くら》み、官を去って商人になるとは実に呆《あき》れる、今まで君をそういう人間だとは思わなかった」

そのとき渋沢は『論語』を引き合いに出して、次のように反論するのです。

「私は論語で一生を貫いてみせる、金銭を取扱うが何故賤しいか、君のように金銭を卑しむようでは国家は成り立たぬ、官が高いとか、人爵が高いとかいうことは、そう

尊いものではない、人間の勤《いそ》むべき尊い仕事は到るところにある」（国書刊行会版）

このエピソードだけでも、渋沢の人物像が伝わってきませんか？

渋沢は、約500の会社設立に関わり、当時の日本に足りなかった経済力の基盤を盤石にしました。

一方で、国民の幸福のために論語の教えにもとづき、約600もの社会公共事業にも精力を注いで、持続可能な社会としての経済成長を目指したのです。

「正しい道理の富でなければ、その富は完全に永続することができぬ」という彼の言葉も印象的です。『論語』の教えにもとづいた事業が信用を生み、その信用に資本が集まってさらに大きな事業に発展していく、という思いが込められています。

『論語と算盤』を読めば、利益至上主義で成功や失敗だけに一喜一憂することが、どれだけ無意味かよくわかります。

⑤「自然科学」を学んで生きる自信を得る

環境問題が深刻化し、時には未知の感染症が世界的に猛威をふるってワクチン開発が急がれるなど、地球レベルの問題は科学で解決しなければいけないことがたくさんあります。

地球と人類を守るためには、どんな学問よりも科学の力が必要なのです。しかも科学は日々進化していて、毎日のように新しい発見発明が生まれています。

試しにネットニュースで、科学のコーナーを見てみてください。

過去には世界中の研究者たちが解明に取り組んできた、アインシュタイン最後の宿題といわれた重力波の存在が、予想後、約百年後に証明されたとか、あっと驚くような大発見が出てきます。

しかし残念ながら、世の中の大半の人は科学の進歩を知らず、大発見がスルーされていることも多いので、その現実にも驚きます。

重力波のことについて、いろいろな人に話をしてみたことがあったのですが、ほとんど誰も反応しませんでした。私の知っている範囲でこの件について話をしていたのは、あるテレビ番組での有吉弘行さんとマツコ・デラックスさんだけ。

お2人の感度の高さと知的好奇心の強さがよくわかりますよね。

もうひとつ驚いたのは、京都大学の望月新一教授が証明した、数学の超難問「ABC予想」です。

私も解説本を買いましたが、長年、未解決のまま世界の数学者を悩ませ続けてきたこの壮大な数学理論を証明できたことは、大変なことなのです。

このようなビッグニュースに触れるたびに、科学とともに進歩し、発展してきた人間の可能性を目の当たりにして、生きる自信を得ることができるのです。

それこそが、科学の最大の魅力なのではないかと思います。

自然科学も、初心者が学ぶうえで適しているのは、高校の教科書、資料集がもっともわかりやすいと思います。手頃な値段にもかかわらず、写真やデータをはじめとした資料も豊富で、見ているだけでも楽しめます。

特に化学は、元素の写真が興味深くて、1つひとつの形や色も美しい。元素をアニメのキャラクターに見立てた『元素キャラクター図鑑』（日本図書センター）のような本を見ると、ポケモンのキャラを覚えるようなノリでそれぞれの元素の特徴を知ることができ、親近感を覚えたりします。

私が高校生時代の頃は、「化学のドレミファシリーズ」をよく読んでいました。大人になってから読み返してみると改めて面白く感じます。

学生時代に難しく思えたことも、受験と関係なく落ち着いて考えてみると、「こういうことだったのか！」とスッキリ理解できることも多く、それが生きる自信につながります。

子ども向けの科学読み物にも面白いものがたくさんあります。

たとえば『空気の発見』（角川ソフィア文庫）は、酸素や二酸化炭素などの気体の発見物語。空はなぜ青いのか、空気中にアンモニアが含まれるのはなぜかといった身近な疑問を、子どもでもわかる言葉で解き明かしています。

『理科読をはじめよう』（岩波書店）は、科学の本の面白さを知り尽くした人たちが、子ども向けにそれぞれの本の魅力を語っていて、大人でも読みたくなる内容です。

本格的な名著を読みたい方には、京都大学の鎌田浩毅名誉教授の『世界がわかる理系の名著』（文春新書）をガイドブックとして読んでみてはいかがでしょうか。

ガリレオ『星界の報告』、ユクスキュル『生物から見た世界』、プリニウス『博物誌』、ワトソン『二重らせん』などの名著の魅力をわかりやすく紹介しています。

私も『文系のための理系読書術』（集英社文庫）という本を出しています。

この本では理系の学問に苦手意識がある人でも、楽しみながら科学的知識を身につけることができる小説、マンガ、ドキュメンタリー、古典的な名著まで50冊ほど厳選して紹介していますので、ぜひ参考にしてみてください。

「文系の人は文系が得意なんだから、わざわざ理系の本を読む必要なんてないんじゃない？」と思うのは損です。

なぜなら、自分が持っている知識の中で足りないものを積極的にインプットすれば、物事を認識する力も高まっていくからです。

知識の多さと認識力の高さは連動するので、知識がないのに頭だけ鍛えるのは難しい。逆に、知識が増えると認識力も高まる関係にあります。

そもそも、文系の人は本が読めることが強みなのですから、宇宙、生命、物理などジャンルを問わず読んで知識を増やせば、世界はもっと広がり面白くなるでしょう。今までまったく気にもとめなかった日常の風景も、すべて自然科学が関係していると意識するだけでガラッと変わって見えます。

自然科学の分野は日進月歩ですから、ニュース、本、資料集の三種の神器を使いこなして、人類の叡智《えいち》と進化を常にチェックし続けると面白くなっていきます。まったく知らない分野の知識は、すぐには頭に入ってこないものですが、それはそれでいいのです。

1行ずつじっくり読む必要もありません。本を読んでその多くを忘れてしまっても、新しい知識が1つか2つは増えます。

興味が湧いたら、同じ著者の別の本を読んでみる。あるいは、同じテーマで別の本を読んでみる。その繰り返しの中で知識を積み重ねていけば、やがて詳しくなっていきます。

私は、宇宙に関する本、生物の本、などテーマ別に20冊ほどまとめてボックス型の本棚に入れています。

知識が増えることは、強みが増えること。

それが、生きる自信となり、未来への希望にもつながっていくのです。

⑥「数学」で物の見方を知る

文系の人で、「数学は全然ダメ」と強い苦手意識を持っている人は多いようです。

『東大の先生！ 文系の私に超わかりやすく数学を教えてください！』（西成活裕／著、かんき出版）をはじめ、文系向けの数学の本がよく売れているので、数学に強くなりたいと思っている人も潜在的に多いのでしょう。

数学は計算力だと思っていて、そこでストッパーがかかっている人は、いったん計算力のことは忘れてしまったほうがいいと思います。

計算はスマホの電卓や表計算ソフトがやってくれますから、日常生活に支障をきたさない程度の概算ができればいい、ということにしましょう。

桁を間違うと大変なことになりますから、桁だけは間違えないようにしてください。

では、なんのために数学を学ぶのか？

ひと言で言うと、数学的な物の見方を学ぶためです。

たとえば、座標軸を立てて物事を見てみてください。座標軸とは、デカルト座標系とも言われる直交座標軸のことで、平面上に数直線x軸（機軸）を引き、x軸に対して垂直にy軸（縦軸）を引きます。

xとyが交わるゼロの点が決まれば、他の地点もすべて決まる。この発想自体が、ものすごいことなのです。

さらに私が感動したのは、「y」が「x」の関数であることを表す「y=f(x)」です。「f」は「function（関数）」の「f」で、「f(x)」は「x」の関数という意味。よって、「y=f(x)」は「yはxの関数」となりますから、すべては「f」を見つければいいわけです。

少しわかりにくいかもしれませんので、別の説明をしましょう。

「f」は「写像」と呼ばれる概念を表す記号のことでもあります。

写像は、「2つの集合がある場合に、一方の集合の各元に対し、他方の集合のただひとつの元を指定して結びつける対応のこと」です。

つまり、「f」は2つの物事を結びつける対応規則のことなので、「f」によってすべてが決まるわけですね。

学生時代にこのことを知ったとき、「世の中はfでできているんだ！」と思って感動したものです。

座標軸となる直線上の点に実数を対応させた数直線も、すごい考え方だと思います。数の世界と幾何学的な線を合体させて、その数が無限にあることを証明しなければいけないわけですから。

その証明をしたデデキントや、今の数式の表記法を開発したデカルトは、人類史に大きな革命を起こしたのです。

私は以前、数学者の秋山仁さんにお会いしたとき、「数直線の考え方はすごいですね」と言ったことがあります。

すると秋山さんに、「そうですね。だけど齋藤さん、三角形の内角が全部で180

度になること自体がすでにすごいんですよ」と言われました。

確かにおっしゃる通りで、私でも子どもでも3本の直線で三角形を描けば、すべて内角の和が180度になるって不思議だと思いませんか？


ピタゴラスは、紀元前6世紀の古代ギリシャの数学者・哲学者で、「万物は数なり」という根本原理にもとづいて、「ピタゴラスの定理」他現代の数学の基礎となるさまざまな定理を発見しました。

ピタゴラス学派の「証明」という思考法が画期的なのです。物の見方、考え方を変えて、人類の歴史に多大な影響を与えたのです。

160年以上前に、ドイツの数学者リーマンが素数の並び方の法則性について提唱した「リーマン予想」にも、世界中の数学者たちが挑みました。

その数学者たちの熱いドラマを描いたノンフィクション『素数の音楽』（新潮文庫）には感動しました。

この本を読むと、音楽の世界と同じように数の世界は調和していて、音楽の音階自体が数学的ということがわかります。そして、素数が暗号としていかに優れているか魅力も伝わってくる。

素数そのものが面白くなってきて、数学に興味がなかった人でも興味が湧いてくるでしょう。


藤原正彦さんの『数学者列伝　天才の栄光と挫折』（文春文庫）は、数学者たちの人間的側面に光を当てた本で、孤独や苦悩と闘いながら偉大な発明に人生を賭けた天才たちの独創性に刺激を受けます。

家の庭でりんごが落ちたのを見て、「万有引力の法則」のヒントを得たと言われるニュートン、「四元数」と呼ばれる高次複素数を提唱し、「解析力学」の創始者としても知られるハミルトン、「フェルマーの最終定理」を証明したワイルズなど、9人の数学者たちのドラマティックな人生に触れると、どんな天才も神様ではなく、1人の人間なのだと思い知らされます。

この本には数式が出てこないので文系の人でも気軽に読めます。

また、数学者の物の見方は、特に文系の人にとっては発想の転換となり、思考の武器になるでしょう。

⑦「宗教」で多様な考え方と世界観を学ぶ

イエス・キリストの誕生日であるクリスマスを祝った1週間後には、神社仏閣に初詣に出かけておみくじを引いて、お参りをする。

日本人の多くは神も仏もいる「多神教」だとか、そもそも信仰心がない「無宗教」だと言われることがあります。

私たちには信教の自由がありますので、何を信じても、信じなくても問題ないのですが、多様性を重んじる時代となった今、知識として宗教を学んでおく必要があります。

世界を見渡すと、異なる宗教を信仰する民族間の紛争が絶えません。

2001年9月11日には、イスラム原理主義のアルカイダによって、アメリカ同時多発テロ事件が発生しました。

アルカイダは、反欧米、反イスラエル、反キリスト教などの思想を掲げ、聖戦《ジハード》と名付けたテロ活動を繰り返し、首謀者のウサマ・ビンラディンを米軍が殺害したあとも残ったメンバーがアフガニスタンに潜伏していると言われています。

同じ世界で、同じ時代を生きる人間として、このようなことが起きていることは、常識として知っておく必要があります。

世界で起きている出来事は、宗教抜きには考えられませんし、理解できないからです。

そのうえで、キリスト教とは、イスラム教とは、ユダヤ教とは何なのか？　日本人にとってもっとも身近な仏教は、誰のどんな教えなのか？　といったことについて、まだ知らない人は基礎知識だけでも身につけたほうがいいでしょう。

インターネット上にも、それぞれの宗教について解説しているサイトはたくさんありますが、偏った情報や特定の宗教を推す怪しい情報に引っかかるリスクもあります。信頼できる情報を求めるなら、やはり中立的な立場で書かれた本や雑誌で学んだほうが安心です。

各出版社から出ている図解シリーズがおすすめですが、中でも複雑な世界の宗教の成り立ちや特徴がわかりやすくまとめられているのは『徹底図解　世界の宗教』（新星出版社）でしょう。

キリスト教、イスラム教、仏教、中国の宗教、日本の宗教について、開祖、聖典、教義、歴史、美術までを網羅していて、写真、図版、年表も豊富なので、視覚的にも理解しやすい構成になっています。

ところで、あのスティーブ・ジョブズをはじめ世界のリーダーたちが数多く影響を受けている禅は、仏教の一派「禅宗」の思想のことですが、どういう教えか知っているでしょうか？

禅は、インド人の仏教僧、菩提達磨《ぼだいだるま》大師を祖とします。達磨大師は中国で壁に向かって座禅の修行をして悟りを得たといいます。

曹洞宗の禅僧を生涯の師と仰いだジョブズは、禅的思考にもとづく言葉をたくさん残しています。

『禅マインド　ビギナーズ・マインド』（鈴木俊隆《しゅんりゅう》／サンガ新書）はジョブズの愛読書です。禅を学ぶと、ビジネスの成功者たちが禅の教えに傾倒する理由もわかるかもしれません。

本質的な教えという意味では、『ブッダの真理のことば　感興のことば』（岩波文庫）も、読みやすいので、おすすめしたい本です。

仏教の有名な言葉「色即是空」は、世の中に存在するすべてのものに実体はなく空無である、という意味です。

私たちの目に見えるものすべては、自分の認識、五感がとらえたただの現象であり、それに対して喜怒哀楽をはじめとした心が働いているだけ。

苦しみや悲しみなどの負の感情も、心が生み出すものであり、私たちは実体のない「心」によって振り回されているというのが仏教の教えです。

心の状態が、私たちを支配している。

しかし、心ほど移ろいやすく、不安定なものはない。

その心の執着を捨てることができれば、苦悩することもなく、怒りや憤りもコントロールできる。

このように、心を制して己に勝つことを繰り返し教えるブッダの言葉を、自然に実践できている人が、あなたの周りにもいるかもしれません。

私の大学時代の友人は、愚痴《ぐち》や不満や陰口を言ったことがなく、膨大な量の仕事をいつも着々とこなし、おだやかに生きています。

ブッダ的な生き方・考え方は、決して理想でも綺麗事でもなく、禅の修行が必要なわけでもありません。ただ、心の持ちようを変えればいいだけの話です。

宗教を理解するうえで、特別な才能はいらないのです。

人生100年時代と言われるようになり、どう生きればいいのか、悔いのない死を迎えるには何をすればいいのか、死んだらどうなるのか、考える時間も増えました。

特に定年以降、不安なく生きられるかどうか心配になることもあるでしょう。

仕事もなくやることもなくなったら、生きている価値がない、自分の存在には意味や価値はないと虚無主義に陥って、うつ状態になってしまう人もいるようです。

しかし、仏教の教えを学ぶと、自分の存在にも、この世界にも、もともと意味を求める必要はないので、そういう思いにとらわれがちな自分の執着や煩悩を捨てることのほうが大事なんだと思えるかもしれません。

宗教とはそのように、「生きるとは？」「死ぬとは？」「死んだらどうなるのか？」といった不安に対して答えてくれるものでもあります。

宗教によって答えはさまざまで、死んだあとも来世がある輪廻転生《りんねてんせい》の考え方もあれば、天国か地獄に行くという考え方もあります。

つまり、それだけ人類は死というものに向き合い続けて、心の救いを求めてきたことがわかるわけです。

死ぬことが怖いのはみんな同じで、自分だけではありません。

宗教について学ぶと、物事に対する多様な考え方や価値観に気づき、世界観が広がります。

同時に、自分が信仰したいと思う宗教はあるのか？　自分に信仰心がないとしたらそれはなぜなのか？　といった本質的な問題について深く考えることもできます。

⑧「心理学」で心の在り方を学ぶ

現代において、心理学はとても重要視されるようになっています。

メンタルヘルスケアに悩む人が増えているので、心理学あるいは精神医学を学んで、心の在り方を客観的にとらえることは、自分の心を守ることにもつながるからでしょう。


心理学は、「AとBを比較したらこうなる」という実験が基本です。

たとえば、災害時の逃げ遅れの原因として注目されている「正常性バイアス」。ある実験で、部屋から煙が出ていても「大丈夫、大丈夫」と思ってしまう人と、「火事だ！　早く逃げろ！」と思う人がいた場合、前者は「正常性バイアス」が働いています。

予期せぬ出来事が起こったとき、「そんなことはありえない」「自分は大丈夫」といった先入観や思い込み（バイアス）によって、これくらいは正常の範囲だと決めつける心の危険なメカニズムが「正常性バイアス」です。

火事だけでなく、地震、洪水などの自然災害でも、「正常性バイアス」が働くことによって命を落とす人が多いのです。

そのことを学んで自分の「正常性バイアス」を自覚できれば、いざというとき「自分は大丈夫」ではなく「自分も危ない」と考え方を変えて逃げ遅れを回避できるかもしれません。

あるいは、フロイトとユングの「意識」と「無意識」の考え方の違いを知っていると、人間の心の在り方がもっと深く理解できます。

両者とも、人間の心のモデルを「意識」と「無意識」の2つに分けることができると考えました。ここまでは同じです。

2つの違いを簡単に説明すると、「意識」は自覚できる思考や感情のこと。「無意識」は自覚できない心の奥底にある思考や感情のことです。

しかし、「無意識」についての考え方が、フロイトとユングでは大きく異なるのです。

フロイトは、人間の無意識の衝動の原動力となるのは性本能エネルギー「リビドー」に起因すると定義づけしました。

晩年は、人間の攻撃的な側面の原動力を死に対する欲動（タナトス）と呼び、生に対する欲動（エロス）と対比させました。

人間はみんな死にたくないと思っているとは限らず、死への本能もあることを指摘したことは大発見です。

一方、フロイトの弟子のユングは、フロイトの論理が性に偏りすぎていることに疑問を持ち、「無意識」を個人の経験による「個人的無意識」と「集合的無意識」に分けました。

「集合的無意識」とは心の奥底に、同じ種族や民族、人類共通の意識や考え方が生まれながらにして備わっているという考え方です。

あなたはどちらの主張が正しいと思うでしょうか？

もし、どちらでもない、わからないという人でも、フロイトとユングの精神分析の違いを知るだけで、人間の心の在り方が学べますし、人の見方、物事の見方が変わると思います。

たとえば、音楽ユニットＹＯＡＳＯＢＩが歌って大ヒットした『夜に駆ける』という曲があります。

これは、星野舞夜さんという人が小説投稿サイトで発表した、『タナトスの誘惑』という小説にインスピレーションを受けて作られた曲です。

フロイトの心理学を知っていれば、タナトスの意味が死への欲動だとわかるので、この小説のタイトルを聞いただけでＹＯＡＳＯＢＩの曲の印象が変わるでしょう。

ユングとフロイトの他、大ベストセラーになった『嫌われる勇気』で広く認知されたアドラー心理学も人気がありますので、この心理学の三大巨匠の学説は大いに学ぶ価値があります。


また、教育関係者や子育てをしている人は、教育心理学で有名な「ピグマリオン効果」について学ぶと、教育や子育ての現場で実際に役立てることができます。

「ピグマリオン効果」は、アメリカの教育心理学者ロバート・ローゼンタールが実験によって明らかにした心理学的行動のひとつで、「教師期待効果」とも言われています。

ピグマリオン効果の有名な実験をひとつ紹介しましょう。

サンフランシスコのある小学校で、一般的な知能テストを行いました。

その際、学級担任には「これから数ヶ月間で成績が向上する子どもを割り出すためのテストだ」と説明しました。

そして、テストが終わったあと、成績に関係なく学級担任に「この名簿に記載されている児童が今後数ヶ月の間に成績が伸びる」と伝えました。すると、名簿に載っていた子どもたちを、担任が期待を込めて見るようになり、実際に成績が上がっていったのです。

ピグマリオン効果は、えこひいきにつながるという批判もあるようですが、実験によって一定の効果が証明されているものについては、家庭や職場で気軽に取り入れてみてもいいのではないでしょうか。

このように、心理学には、日常の雑学として楽しめる学びもたくさんあります。

くわえて心理学と精神医学は、分野は異なりますが重なる部分も多いので、両方とも学んだほうが、心の在り方がより具体的にわかるでしょう。

⑨この世の素晴らしさを「美術・芸術」で学ぶ

「美術・芸術は、わかる人にしかわからないもの」

そう思っている人がいるとしたら、とてももったいないことです。

もちろん、何か特定の作品に偶然出会って開眼する人もいますが、芸術というものは体系的にひと通り学んでこそ、その美しさや素晴らしさを理解して楽しめるようになるからです。

芸術を楽しめるようになると、この世の美しさ、人間の素晴らしさを感じることができて、人生そのものも楽しくなっていきます。

芸術の世界を遠く感じている人もいるかもしれませんが、今はインターネットで何でもすぐ調べられますし、作品の画像まで見ることができる時代です。

芸術にはさまざまな種類があるので、自分が興味のある世界から入ってみてはいかがでしょうか。

美術であれば、絵画、彫刻など。音楽、文学、建築、映像、演劇、舞踊、陶芸もすべて芸術です。

音楽や映像作品は、日常的に楽しんでいる人も多いと思いますが、そういったものも含めた芸術体験は、人生を豊かにしてくれます。

大げさに言うと、美の体験によって、「この世は美しい、この瞬間は美しい、永遠であれ」と思うようになる。人生が美で満たされていくと言ってもいいでしょう。

「時よ止まれ、おまえは美しい！」という、ゲーテの『ファウスト』に出てくる有名な台詞がありますが、美を体験するとまさにそういう気持ちになれるのです。

自分の存在に不安を感じたり、人生がむなしいと思っている人は、もしかすると美の体験が足りないのかもしれません。

芸術的な体験をしていると、感性も含めて身体全体が満たされる感じがします。

美の体験によって、この世にいてよかった、こんな体験ができるなんて幸せだと、自分の存在も肯定されていると思えるようになるのです。

ただ、美の知識がなければ、美の体験はなかなか得られません。

ショスタコーヴィチを聴いて感動する人は、ショスタコーヴィチを知っているから聴くわけであって、音楽の知識がなければ自分から聴くことはしないでしょう。どこかでたまたま耳にした音楽が気になって、調べて、好きになることもあるかもしれませんが、もともと知識がなければそのままスルーしてしまうと思います。


画家のセザンヌが、なぜあんなにすごいのか？　ということも、絵を見るだけではわからないことが多いので、知識が必要なのです。

たとえば、『サント・ヴィクトワール山』という有名な絵が何枚もあります。

これは、セザンヌが住んでいた南プロヴァンスにある実在の山をモチーフにした絵なのですが、この風景画を見ただけで「うわー、すごい！」と叫び出すほど感動する人は少ないでしょう。

しかし、この山がセザンヌが終生描き続けた大好きな題材であることや、印象派にはない確固たる存在感を目指したことや、この山の絵の変遷を知識として知っていれば、たまたま目にした『サント・ヴィクトワール山』の絵の見方が変わります。

大胆な色使いや素描が特徴のアンリ・マティスの絵を見ると、「うわー、すごい！」と感動する人もいるかもしれません。

それでも、マティスが風景画とは対照的なフォービスム（野獣派）の分野を切り開いた前衛芸術家で「色彩の魔術師」と呼ばれ、パブロ・ピカソと並び後世の芸術家たちに多大な影響を与えたことを知っていれば、その感動は何倍も増します。

絵の美しさの根底にあるドラマや、作品完成にいたるまでの過程、作家の個性や魅力を知っているかいないかで、印象はまったく異なるからです。

初心者でもわかりやすい美術の入門書としては、オールカラーの図解とイラスト付きの山田五郎さんの本がおすすめです。

『知識ゼロからの西洋絵画入門』『知識ゼロからの近代絵画入門』（ともに幻冬舎）などの「知識ゼロから」シリーズは、見た目にも楽しくて、美術の基礎知識がすんなりと頭に入ってきます。

山田さんは、『ヘンタイ美術館』（ダイヤモンド社）、『へんな西洋絵画』（講談社）

といった、面白い切り口のガイドブックも出されているので、美術に興味がない人でも楽しく読めると思います。

中野京子さんの「怖い絵」シリーズも、怖いものが好きな人にはうってつけの入門書です。

小説好きな人には、キュレーターとしての経歴を持つ原田マハさんの作品がいいかもしれません。画家のアンリ・ルソー研究者が主人公の『楽園のカンヴァス』、何人もの画家との対話が語られる『ジヴェルニーの食卓』など、アートの知識も学べる小説をたくさん書いている作家さんなのでおすすめです。

もともと美術・芸術に興味があり、感性が優れているほうだと思う人は、色の本や構図の本などの美術学生向けテキストを読むと、同じ名画でも別の見方がわかります。『巨匠に教わる絵画の見かた』（視覚デザイン研究所）は、画家たちのすごさを教えてくれます。

鑑賞する側ではなく、表現する側の目線に立った本を読むと、違った視点が得られて、見慣れた名画を新鮮な気分で見ることができるでしょう。

⑩「哲学・思想」で人生の意味について学ぶ

「哲学・思想」は、難しそうでとっつきにくいイメージがあるかもしれません。
実際、読むだけで疲れる難解な哲学書もあるので、最初は挫折しない本を選ぶ必要があります。

初心者でも読める古典を積極的に出版しているのは光文社です。
「光文社古典新訳文庫」シリーズは、現代人の心に届く言葉で新訳されているので、一般に難しいとされている哲学書でも読み通せるでしょう。

ただし読む際には順番があって、初心者は解説から読まなければ、本文をいきなり読んでもわけがわからなくなる可能性が高いです。

このシリーズの解説は、1冊1冊非常に丁寧で詳細です。私が10代の頃に読んだ訳に比べると、訳文が驚くほど平易になっていてとても読みやすいので、最初にこのシリーズから入れる人はラッキーです。

たとえば、ハイデガーの『存在と時間』（全8巻）を読めば、「存在とは何を意味するのか？」について、時間の概念を通じ、深く考察することができます。

あるいは、西洋哲学でもっとも重要で難解なことでも知られる、カントの『純粋理性批判』。これは一生読めないと思っている人もいるかもしれませんが、同じ「古典新訳文庫」シリーズの新訳を手に取ってみると、「これなら読めるかも」と思います。どちらにも共通している学びは、存在の意味について深い理解が得られる点です。自分の存在の意味、世界の存在の意味について、哲学の力を借りて解釈することができれば「そういうことなのか」と思考が安定して、迷いが少なくなっていきます。

思想書であれば、手塚富雄訳のニーチェの『ツァラトゥストラ』（中公文庫）が読みやすいでしょう。

主人公のツァラトゥストラは、森の中で10年孤独を楽しみ、自分の知恵を分配して与えるべきことを悟って、民衆のもとへ下りていきます。

途中、同じように森の中で暮らしている聖者の老人と出会い、人間たちのもとへ戻らないよう引き止められますが、その言葉を振り切り、聖者と別れたツァラトゥストラは、次の台詞を口にします。

「この老いた超俗の人が森にいて、まだあのことをなにも聞いていないとは。神は死んだ、ということを」

そして彼は、民衆たちに「神の死」「超人」「ルサンチマン」などの思想を伝えていきます。

「神の死」の話には、神の存在なくして生きられない人間たちに対し、もっと自信と主体性を持った自立した人間になろう、というメッセージが込められています。

神が人間を作ったわけではなく、人間が神を作ったのだから、人間を神から取り戻そうというわけです。

また、ニーチェが言うところの「超人」とは、人間の弱さを超えた存在です。現在の自分を超えようとして努力し続ける、自由な精神の持ち主のことを意味します。

「ルサンチマン」とは、「超人」のような自由人に対する強い憤りや嫉妬《しっと》のこと。ニーチェはこれを、特に宗教者や知識階層などのインテリ層における病理だとして批判しています。

そして、どこまでも自由に、創造的に、自分の道を突き進んで、自分自身を超えて行けというメッセージを、力強い言葉で繰り返し説いているのです。

読めば読むほど前向きになれる内容で、しかも物語形式ですから、ツァラトゥストラが自分に語りかけてくれているつもりで読み進めてみてください。

読み終える頃には、心に溜まった泥や垢《あか》が洗い流され、前向きになれます。

スキマ時間にもサクサク哲学を学びたいときは、『哲学用語図鑑』（田中正人／著プレジデント社）が便利です。

この本はとにかくイラストの図解がとてもわかりやすい。

無意識もルサンチマンも、階級闘争も唯物論も、現代哲学の主流のひとつである現象学も、哲学用語はこの図鑑で調べればイラストの図解でスーッと頭に入ってきます。

私は東大大学院時代、現象学を研究していましたので、フッサールが創始した現象学の中心概念「現象学的還元」と「エポケー（判断中止）」についても学びました。

けれども、フッサールの理解には時間がかかりました。

一般の人がフッサールの原著を読むのは大変です。でも、『哲学用語図鑑』で調べてみると、「現象学的還元」ってそういうことなのか！「エポケー」って、判断をいったん宙づりにして括弧の中に入れてしまうようなものなのか！と、とりあえず理解できるのです。

昔、哲学を勉強しはじめた頃にこの本があったら、もっと早くスムーズに理解できただろうなと思います。

哲学の本を読んで挫折したことがある人は、マンガ『新釈　うああ哲学事典（上・下）』（須賀原洋行／著、講談社）を読んでみてください。

マルクスの「唯物論と社会主義」、キルケゴールの「絶望と生の実存主義」、フーコーの「人間の終焉」、アダム・スミスの「神の見えざる手」、スピノザの「汎神論」、安部公房の「箱男」など、上下巻で50の哲学思想を取り上げています。

1つの哲学思想につき8ページの短いマンガで、上手に比喩《ひゆ》を取り入れながら解説しているので、ひねりが利いていてとても面白く読めます。

哲学を学ぶときのポイントは、哲学用語を少しでも多く仕入れることです。ざっくりとわかっている言葉をたくさん増やすと、哲学が身近になっていきます。そして、哲学家たちの思想や概念を、現代を生きる自分の人生にどうアレンジして引き寄せればいいか考えてみる。

そこまで考えてはじめて、哲学を学ぶ意味が生まれるのです。

哲学を自分事として考えるコツは、学んだ内容を要約してみることです。たとえば私が研究していた現象学は、「物事を決めつけずに現象を丁寧に見る学問」と言えば誰でもわかりますよね。あえて言うなら、風景画を描く画家のようなものです。

自分の目の前に現れる象《かたち》の色、光、影など知覚したものを、そのまま絵に描いていく。そのようなことが、絵画でなくても自分にできるかどうか。

現象学の概念を技として身につけて自分で使いこなすことができるようになれば、それが自分の人生哲学になります。

自分が苦手なことを哲学で克服して人生に活用することもできます。

人との対話が苦手な人は、ヘーゲルの「弁証法」の基本概念「アウフヘーベン」を学ぶといいでしょう。これはダイアローグ、対話と同じ意味なので、弁証法とは対話法のことなのです。

ヘーゲルはこの「アウフヘーベン」を、「テーゼ（正）」と「アンチテーゼ（反）」の2つの対立し合う関係によって、より高度で新しいアイデアを生み出す状態へと高めていく対話法と定義づけしました。

ですから、会議で自己主張ばかりして人の話を聞かない人がいたら、「アウフヘーベンしようか」と弁証法に引き込んで、異なる意見の人と議論するように導いてみてはいかがでしょうか。

これもビジネスシーンで哲学を使いこなすひとつの例です。


哲学を学んだことによって、「この哲学者のように生きたい」と思える人と出会えた場合は、その哲学者のように生きてみるという選択肢もあります。

単にニヒリズムに傾倒してしまうと、自虐や愚痴や弱音を吐くだけの人生になってしまいますが、カフカのように徹底的に絶望してみると、気づくことがあるかもしれません。

逆に、希望にあふれた前向きな哲学者はゲーテです。

私は20代の頃、抽象的思考にハマり込んで苦悩した時期があるのですが、精神的にどん底だったときにゲーテの言葉に出会い、救われました。

以来ずっとゲーテの本は座右の書で、『座右のゲーテ　壁に突き当たったとき開く本』（光文社新書）という新書を書いたほどです。

大きな挫折を経験したり、思い悩んだり、自分の立ち位置がわからなくなったときは、ゲーテの言葉がヒントになります。

おわりに　学ぶことは、生きること

３歳で右目を、９歳で左目を失明して、18歳で失聴し全盲ろうとなった福島智さんという東大教授がいます。

『光と音のない世界で　盲ろうの東大教授・福島智物語』（岩崎書店）、『ぼくの命は言葉とともにある』（致知出版社）、『ことばは光』（道友社）など本も出しているので、ご存じの方もいるかもしれません。

福島さんは、お母様が考案した指点字を使ってコミュニケーションをはかり、本をたくさん読んで勉強に励み、盲ろう者として日本ではじめて大学へ入学しました。

その福島さんが一番好きな作家が、日本を代表するＳＦ作家の小松左京さんで、お２人の対談イベントがありました。

福島さんが、小松左京さんの描く小説の魅力や、光も音もない世界の中、頭の中だけで壮大な物語が展開する様子を語ると、小松さんが涙したのです。

私はその対談に感動して、人間がその気になれば、学べないことなど何ひとつないのだと改めて思いました。

もう1人、私が人間の可能性に驚いたのは、『記憶喪失になったぼくが見た世界』（朝日文庫）というノンフィクションです。

著者の坪倉優介さんは、大学1年生のとき交通事故に遭い、記憶だけでなく、食べることや眠ることなどの感覚さえわからなくなり、お金も文字も、母親のことまで忘れてしまった方です。

生まれたばかりの赤ちゃんと同じような状態から、新しい自分を生きはじめて、世の中のすべてを学び直していく過程。母親のことを心から「お母さん」と呼べるようになり、草木染職人として自立するまでの歩み。

そのすべてが驚きの連続で、テレビ番組の『世界一受けたい授業』でも紹介したことがありました。

坪倉さんの本で私がもっとも感銘を受けたのは、人間はどういう状態になっても学ぶ能力は失われることがないということです。

そして坪倉さんのように、自分という人間が生まれ変わるような事態が起きたとしても、情熱を注げる対象を見つける能力が失われることもないのです。

学ぶ能力と、情熱を注ぐ能力があるということは、人間が生きていることの証明です。

何不自由なく暮らしていても、生きている実感が湧かない、毎日がつまらないと感じている人は、福島さんや坪倉さんの本を読んでみてください。

きっと読み終えたあと、世界が違って見えるようになり、学ぶ意欲が湧いてくると思います。

インターネットで情報に詳しくなることも、知識の広がりという意味では学びになります。しかし、なんでも指1本で高速検索できる便利さは、情報を右から左に流すだけになりがちで、人間の頭を鍛えてはくれません。

むしろ、考える力をどんどん奪われていると思ったほうがいいでしょう。
だからこそ今、自発的に学ぶ力が求められているのです。

学ぶことは、生きること。
今のあなたをつくっているのは、今まであなたが学んできたことなのです。
独学力が生きる力になります。

齋藤 孝
さいとう・たかし
1960年、静岡県生まれ。明治大学文学部教授。東京大学法学部卒。同大学院教育学研究科博士課程を経て現職。『声に出して読みたい日本語』(草思社)がベストセラーとなり日本語ブームをつくる。著書に『読書力』『コミュニケーション力』『古典力』(以上、岩波新書)、『質問力』『現代語訳 学問のすすめ』(以上、筑摩書房)、『雑談力が上がる話し方』(ダイヤモンド社)、『大人の語彙力ノート』(SBクリエイティブ)、『頭のよさとは「説明力」だ』(詩想社新書)、『孤独を生きる』(PHP新書)、『読書する人だけがたどり着ける場所』(SB新書)など多数。NHK Eテレ「にほんごであそぼ」総合指導。

ポプラ新書
243
頭のいい人の独学術
2023年 8月7日 第1刷発行
2024年10月29日 第4刷
著者
齋藤 孝
発行者
加藤裕樹
編集
村上峻亮
発行所
株式会社 ポプラ社
〒141-8210 東京都品川区西五反田3-5-8
JR目黒MARCビル12階
一般書ホームページ www.webasta.jp
ブックデザイン
鈴木成一デザイン室
印刷・製本
TOPPANクロレ株式会社

N.D.C.159/238P/18cm ISBN978-4-591-17871-3

P8201243

生きるとは共に未来を語ること　共に希望を語ること

昭和二十二年、ポプラ社は、戦後の荒廃した東京の焼け跡を目のあたりにし、次の世代の日本を創るべき子どもたちが、ポプラ（白楊）の樹のように、まっすぐにすくすくと成長することを願って、児童図書専門出版社として創業いたしました。

創業以来、すでに六十六年の歳月が経ち、何人たりとも予測できない不透明な世界が出現してしまいました。

この未曾有の混迷と閉塞感におおいつくされた日本の現状を鑑みるにつけ、私どもは出版人としていかなる国家像、いかなる日本人像、そしてグローバル化しボーダレス化した世界的状況の裡で、いかなる人類像を創造しなければならないかという、大命題に応えるべく、強靭な志をもち、共に未来を語り共に希望を語りあえる状況を創ることこそ、私どもに課せられた最大の使命だと考えます。

ポプラ社は創業の原点にもどり、人々がすこやかにすくすくと、生きる喜びを感じられる世界を実現させることに希いと祈りをこめて、ここにポプラ新書を創刊するものです。

未来への挑戦！

平成二十五年　九月吉日　　株式会社ポプラ社